btb
Aus Freude am Lesen

btb

Buch

Eigentlich hatte sich Ex-Kommisar Türk doch damit abgefunden, in den Streifendienst verbannt worden zu sein und sich mit Verkehrssündern statt mit Mordfällen herumschlagen zu müssen. Aber wer wie er den alten Friedemann Lamm kannte, mag nun einmal nicht glauben, dass er den Immobilien-Hai Gerd Losswitz umgebracht haben soll. Türk beginnt, auf eigene Faust zu ermitteln. Er bekommt es mit alten Münchner Dickschädeln zu tun und mit den scheinbar sanften Modernisierern. Und mit seinem Vorgesetzten, dem er seine Nachforschungen verheimlichen muss. Aber bald entdeckt er, was Lamm und Losswitz verbindet: eine gemeinsame Geschichte aus ihren »wilden Jahren«…

Autor

Robert Hültner wurde 1950 in Inzell geboren. Er lebt als freier Autor in München und in einem Bergdorf in den südfranzösischen Cevennen. Bevor er sich dem Schreiben zuwandte, war er Schriftsetzer, dann Regieassistent und zog mit einem Wanderkino durch die Dörfer. Hültner ist vielfacher Deutscher-Krimipreis-Träger, Glauser-Preisträger und Tatort-Drehbuchautor.

Robert Hültner bei btb

Walching. Roman (72141)
Inspektor Kajetan und die Sache Koslowski. Roman (72144)
Die Godin. Roman (72145)
Das schlafende Grab. Roman (73169)
Der Hüter der köstlichen Dinge. Roman (75042)
Inspektor Kajetan und die Betrüger. Roman (75119)

Robert Hültner

Fluch der wilden Jahre

Türks zweiter Fall

btb

FSC
Mixed Sources
Product group from well-managed forests and other controlled sources

Cert no. GFA-COC-1223
www.fsc.org
© 1996 Forest Stewardship Council

Verlagsgruppe Random House FSC-DEU-0100
Das FSC-zertifizierte Papier *Munken Print* für Taschenbücher aus dem btb Verlag liefert Arctic Paper Munkedals AB, Schweden.

1. Auflage
Originalausgabe Juli 2005

Umschlaggestaltung: Design Team München
Satz: Uhl + Massopust, Aalen
Druck und Einband: Clausen & Bosse, Leck
MM · Herstellung: Augustin Wiesbeck
Made in Germany
ISBN 3 442 73247 6

www.btb-verlag.de

KAPITEL 1

Irgendetwas war hier faul.

Die beiden Männer standen gelangweilt an der Ecke zur Gasse des alten Zerwirkgewölbes in der Altstadt. Betont gleichgültig musterten sie die vorbeigehenden Passanten. Ihre Mienen waren ausdruckslos, ein wenig herablassend. Hin und wieder trafen sich ihre Blicke und ruhten für Sekundenbruchteile ineinander, ohne sich etwas zu sagen zu haben.

Waren sie mit jemandem verabredet? Mit auswärtigen Geschäftspartnern, die sie in das nahe gelegene Hofbräuhaus auszuführen hatten? Mit ihren Frauen, die sich beim Stadtbummel zum Shoppen ausgeklinkt und dabei die Zeit vergessen hatten?

Türk verlangsamte unwillkürlich seinen Schritt. Da war es wieder, dieses innere Alarmsignal. Dieses stete Misstrauen. Die Polizisten-Macke eben, die wieder drauf und dran war, ihm seinen freien Tag zu versauen, den er doch mit einem Spaziergang durch die Altstadt verbringen wollte, ganz entspannt. Er hatte das Viertel innerhalb des ersten Stadtmauerrings vor kurzem wieder für sich entdeckt und herausgefunden, dass es nicht, wie er befürchtet hatte, bis in den letzten Winkel von Scharen lärmender Touristen belagert war.

Natürlich war vieles nicht mehr, wie er es in Erinnerung hatte, und wie er es erlebt hatte, als er während seiner Ausbildung in einem winzigen Appartement in der Maderbräu-Straße wohnte. Die verwinkelten Innenhöfe der Gebäude am Platzl waren öffentlich und hatten keine Geheimnisse mehr. Aus dem kleinen Café in der Ledererstraße war ein turbulenter, von Italo-Pop durchpulster Szene-Treff geworden. Der Kaffee war in Ordnung, doch das einst verschwiegene Hinterzimmer, in dem nicht nur er, sondern so manche Prominenz aus den nahe gelegenen Kammerspielen mit der jeweils Angebeteten geturtelt hatten, war zu einer kühlen Lounge umgemodelt worden, in der sich schlaffe Yuppies auf unbequemen Sitzen flezten.

Beruhigend war, dass zumindest das *Weiße Bräuhaus* sich nicht von der überdrehten Modernisierungshast hatte anstecken lassen. Wenig hatte sich in der Einrichtung des Gasthauses geändert. Noch immer waren es die bodenständigen, mit robustem Humor ausgestatteten Kellnerinnen, die über diesen Ort herrschten und das Menschengewühl energisch wie machtvolle Fregatten durchpflügten.

Aber natürlich war es wieder vergeblich gewesen, sich vorzunehmen, an diesem Tag nicht an den Job zu denken. Zwar wäre Türk nichts eingefallen, was ihm in letzter Zeit an seiner Arbeit in der 29er-Inspektion besonders auf die Nerven gegangen wäre. Er hatte sich – als Streifenbeamter im wenig aufregenden Münchner Osten – längst eine gewisse Gelassenheit zugelegt. Die Einsätze unterschieden sich nur unwesentlich voneinander. Immer wieder bestätigte sich ihm, was er schon immer vermutet hatte: Die Menschheit war, was ihr Konfliktverhalten und ihre moralische Festigkeit betraf, eher einfach gestrickt. Welcher Schicht die jeweiligen Kontrahenten angehörten, war dabei nahezu egal. Der emeritierte Philologen-Feingeist konnte übergangslos zum mordbereiten Neandertaler mutieren, wenn er den Fußball eines Nachbarjungen in seinem Garten entdeckte, wie auch die mildherzigste Witwe, deren Haus die vorweihnachtlichen ›Misereor‹-Sammler vermutlich nie ohne ordentliche Spende verließen, sich zur flammenden Thusnelda auswachsen konnte, wenn es darum ging, das Aufstellen von Asylantenbaracken in der Nachbarschaft zu verhindern. Und so manch angesehenes Parteimitglied, dessen staatstragende Rechtschaffenheit über jeden Zweifel erhaben schien, ließ sich, in sträflicher Überschätzung seiner Bedeutung und seines Einflusses, von der Aussicht, seine Finanzen aufbessern zu können, zu strafbarer Mauschelei verführen.

Nein, auch in München war man nicht gesetzestreuer als an irgendeinem anderen Fleck dieser Erde. Der erfahrene Kollege Öttl hatte es neulich auf den Punkt gebracht, als er meinte, dass er diesbezüglich zwischen München und Palermo die Hand überhaupt nicht umdrehe. Dass die Stadt dennoch ein verhältnismäßig sicheres Pflaster schien, hatte gewiss nichts mit der besänftigenden Wirkung des voralpenländischen Klimas oder mit einer vom Bierkonsum beförderten Behäbigkeit, geschweige denn mit südländischer Gelassenheit oder gar Liberalität zu tun. Sondern mit der schlichten Logik: Wer schon hat, braucht nicht zu klauen. Und viele – wenn auch beileibe nicht alle – Münchner hatten. Noch hielt sich die Arbeitslosigkeit in Grenzen, noch konnten, zumindest in den von alteingesessener Bevölkerung geprägten Vierteln, viele Notlagen durch ein solides nachbarschaftliches Netz abgemildert werden, und noch ließ sich der eine oder andere Investor vom sorgsam gepflegten Image der Kulturhaftigkeit und Lebensleichtigkeit bezirzen. Für pompöse hochkulturelle Spektakel mochte dieses Bild gerade noch zutreffen, für den Alltag aber immer weniger. Schon gab es ganze Straßenzüge in der Innenstadt, in denen man vergeblich nach einer Metzgerei suchte, dafür aber von einem neckischen Frisörlädchen in den anderen stolpern konnte. Auch mit dem Bäcker- und Konditorenhandwerk war es erschütternd bergab gegangen. Deren Auslagen bestachen zwar durch überbordende Opulenz, das darin Angebotene aber schon lange nicht mehr durch seine einst gerühmte Qualität.

Türk gönnte sich diese gelegentlichen Granteleien. Dabei war es ganz egal, worüber er sich aufregte. Was konnte er schon daran ändern? Nichts. Aber er war für jede Gelegenheit dankbar, seine Gefühle ein wenig aufwallen lassen zu können – dann spürte er sie wenigstens. Meist gelang es ihm, sich mit seinem Alltag abzufinden. Dann war er mit sich im Reinen. Doch das schaffte er immer seltener.

Gelegentlich fühlte er eine schmerzliche Gereiztheit. Er ahnte, dass es gerade die Ereignislosigkeit seines Lebens war, die ihn in diesen Zustand versetzte. Nagte vielleicht doch noch an ihm, dass er nicht freiwillig auf seinen Posten als Streifenbeamter geraten war? Dass er mindestens das Gehalt eines Kripo-Kommissars beziehen würde und sich damit ein paar Annehmlichkeiten mehr leisten könnte, wäre er nicht vor einem halben Jahr degradiert worden?

Es hatte eine Weile gedauert, bis er sich damit abgefunden hatte. Er sah ein, dass niemand außer ihm selbst für seine Degradierung verantwortlich zu machen war. Er hatte damals eben eine Entscheidung gefällt, die seinen Vorgesetzten und damit dem Disziplinarausschuss nicht gefallen hatte. Aber er hatte sie fällen müssen, weil er sich sonst nicht mehr im Spiegel hätte ansehen können. Dafür hatte er bezahlt, und damit basta.

Türk blieb stehen. Umständlich kramte er nach einer Packung Zigarretten. Schließlich fand er sie in der Innentasche seines Blousons, entnahm ihr eine Zigarette und stippte sie wie abwesend auf den Handrücken. (»He; du wolltest aufhören«, moserte seine innere Stimme, um postwendend zu parieren: »Ist ein Sonderfall, halt's Maul«.)

Was stimmte hier nicht?

Dass die zwei Männer – hochgewachsen und sportlich schlank der eine, etwas kleiner und stämmig der andere – so gelassen nicht waren, wie sie mit ihren betont desinteressierten Mienen demonstrierten? Dass die beiden nicht leger in sich ruhten, dass sie stattdessen federnd und in kaum kaschierter Sprungbereitschaft verharrten?

Die Hand schützend vor das Feuerzeug haltend, zündete sich Türk die Zigarette an. Er nahm einen tiefen Zug. So umständlich, wie er sie hervorgezogen hatte, verstaute er Packung und Feuerzeug wieder in seinen Taschen, ohne die beiden Männer aus den Augenwinkeln zu lassen.

Machte er sich gerade wieder einmal zum Narren? Wieso sollten zwei Mitt-Dreißiger nicht einfach in einer Altstadtgasse stehen und den Herrgott einen guten Mann sein lassen können, während alles um sie herum in Bewegung war? Macht man sich heutzutage schon verdächtig, wenn man nicht in Eile war, nicht auf ein Ziel zuhastete? Und das ausgerechnet in München, der Stadt der Gemütlichkeit?

Doch um zur aussterbenden Spezies des genießerischen Flaneurs zu zählen, waren die Bügelfalten ihrer Hosen zu scharf gezogen. Männer mit makellosen Bügelfalten aber stehen nicht einfach herum. Sie haben Termine, machen Geschäfte, haben keine Sekunde ihres Lebens zu verschenken, geraten in Panik, wenn Umstände sie zum Nichtstun zwingen.

Nein. Die beiden Männer führten etwas im Schilde. Und sie waren – ja, verdammt, sie waren ihm nicht sympathisch.

Nur: Was hatten sie vor? Ein Verbrechen am helllichten Tag etwa? Vor Hunderten von Zeugen? Was bedeutete es, dass durch den Torbogen am Ende der Gasse, der einen schmalen Blick auf die Burgstraße zuließ, die rasche Vorbeifahrt mehrerer Einsatzfahrzeuge zu sehen gewesen war? Dass die Passanten, die die Gasse jetzt von oben betraten, sich immer wieder neugierig nach hinten drehten? Dass ihre Gesichter ernst waren, ihre Schritte schneller wurden, als versuchten sie, einer unangenehmen Situation zu entkommen?

Als wäre sie an ihrem oberen Ende nun abgeriegelt worden, war die sonst so bevölkerte Gasse plötzlich menschenleer. Die beiden Männer hatten ihre Position nicht verlassen. Winzige Gesten jedoch verrieten, dass sich ihre Anspannung verstärkt hatte.

Plötzlich erstarrten sie. Sie riefen sich etwas zu, das wie ein kurzer Befehl klang, und stürzten, wie von einer Sprungfeder aus dem Stand geschleudert, mit weiten Schritten zu einer schmalen Nische in der Nähe des Gasseneingangs. Türk überquerte beunruhigt die Straße, das ärgerliche Hupen eines Taxis ignorierend.

Bereits nach wenigen Schritten bot sich ihm das Bild eines verbissenen Kampfes. Eine schlaksige Gestalt in verwaschenem Parka, von der Türk nur ein schmales, noch sehr junges Gesicht unter einem stacheligen, rot und schwarz gefärbten Schopf wahrnehmen konnte, versuchte verzweifelt, eine Dachrinne emporzuklettern. Die Männer packten den Fliehenden an den Beinen und versuchten, ihn auf den Boden zu zerren. Der Schlaksige stöhnte auf und trat wild um sich. Die Männer fluchten gepresst, dann hatten sie ihr Opfer im festen Griff und schleuderten es zu Boden.

Die rechte Hand des Gejagten war blutverschmiert. Er musste sich an der kantigen Blechrinne verletzt haben. Dennoch gelang es ihm jetzt, sich den Griffen seiner Verfolger zu entwinden. Mit wieselhafter Geschmeidigkeit schlüpfte er zwischen den Beinen des Athletischen hindurch und versuchte, auf allen vieren zu fliehen. Er kam nicht weit. Der Stämmige hechtete ihm nach, presste ihn zu Boden und begann auf ihn einzuprügeln. Der Junge wand sich verzweifelt.

Der Athletische zerrte sein Opfer empor, stemmte es an die Ziegelmauer und versetzte ihm mehrere wuchtige Schläge. Der Junge stöhnte auf. Türk löste sich aus der kleinen Gruppe von Passanten, die das Geschehen begafften, vor Entsetzen gelähmt.

»Aufhören!«, schrie er, packte den Arm des Schlägers und bog ihn mit einem Ruck nach hinten. Der Mann brüllte auf. Sein Komplize hatte seine Verblüffung rasch überwunden, warf sich von hinten auf Türk, umklammerte ihn, um aber im gleichen Moment mit aufgerissendem Mund zurückzutaumeln, von wuchtigen Ellenbogenstößen in die Brust getroffen. Mit vor Zorn verzerrtem Gesicht stürzte sich der Athletische jetzt wieder auf Türk, der den blindwütig gesetzten Schlag abfing und seine Faust auf dem Kinn des Angreifers landen ließ. Der Angreifer wankte benommen zurück. Türk schwang herum, duckte sich unter den sausenden Hieben des Stämmigen, ließ ihn ins Leere laufen und setzte mit einer Kombination nach, die den Kampf mit einer gezielten Geraden beendete. Der Mann ging in die Knie, dann kippte er mit leisem Stöhnen auf das Pflaster. Der zweite machte einen letzten Versuch, doch auch der endetete damit, dass er sich auf dem Pflaster wiederfand. Ungläubig glotzte er auf seinen Gegner. Der Junge hatte das Weite gesucht.

Türk richtete sich keuchend auf. In seinen Fäusten pochte heftiger Schmerz.

»Und jetzt keine Bewegung mehr, klar?«, herrschte Türk die beiden an.

Ohne sie aus den Augen zu lassen, zog er sein Handy aus der Tasche und hielt es an sein Ohr. Seine Hand flatterte. Die Einsatzzentrale meldete sich.

»Türk hier, Inspektion 29. Ich hab zwei Schläger gestellt. Schickt mir sofort –«

»Herrgott, ist das ein Arschloch«, sagte der Athletische mit heiserer Stimme. Ächzend schob er sich an der Wand hoch und befingerte zitternd sein Kinn, als müsse er es wieder in die richtige Position renken. »Das… das wird ein Nachspiel haben, Kollege.«

KAPITEL 2

Wieder mal super gemacht, Türk«, sagte Inspektionsleiter Schwab. »Ich bin restlos begeistert.«

»Das freut mich.«

Schwab schoss aus seinem Sessel. Seine Faust donnerte auf den Tisch. »Halt deinen dummen Schnabel!«, brüllte er. »Zu blöden Witzen gibt's absolut keinen Anlass!«

Er sank auf den Stuhl zurück, schüttelte stumm den Kopf und sah zum Fenster.

»Warum ich«, murmelte er. »Warum immer ich? Der Kerl ist mein Sargnagel.«

Türk räusperte sich.

»Sollen nicht so wehleidig tun, die Kollegen«, maulte er. »Die haben schließlich selbst gut hingelangt.« Türk rieb den Rücken seiner rechten Hand. Sie schmerzte noch immer.

»Angebrochenes Nasenbein und wehleidig?!«, fuhr Schwab auf. »Ein Idiot bist du! Wenn die Sache verhandelt wird, hast du zwei gegen dich! Ist dir das klar? Und ist dir ebenfalls klar, dass die beiden den Teufel tun werden und zugeben, dass sie dich nicht sofort darauf hingewiesen haben, dass es sich um eine Festnahme gehandelt hat?«

»Wenn das eine Festnahme gewesen sein soll, heiß ich Meier.«

»Dann beantrag schon mal einen neuen Pass, Kollege

Meier. Die Kollegen haben auf der Vorderseite gerade ein besetztes Haus ausgeräumt. Der junge Kerl muss einer von den Chaoten gewesen sein. Wollt sich wahrscheinlich über den Hinterhof davonmachen. Ergo war's eine Festnahme, und genauso ergo ist Gewaltanwendung erlaubt, wenn sich einer der Festnahme entziehen will.«

»Eine Hausbesetzung?«, wunderte sich Türk. »Ist das nicht schon lang aus der Mode, in München wenigstens?«

»War ja auch keine Besetzung, um drin zu wohnen«, erklärte Schwab brummig. »Es waren die Mitglieder einer ziemlich militanten Initiative, die gegen den Abriss protestieren wollten. Das Haus soll über dreihundert Jahre alt sein, aber irgendeine Firma hat ihre Beziehungen spielen lassen, um an dieser Stelle was Neues hin pfuschen zu können.«

»Jetzt versteh ich«, meinte Türk.

»Ganz was Neues«, knurrte Schwab. »Was die Schlägerei mit den Kollegen betrifft, warst du ein Idiot.«

»Kann sein. Aber die zwei –«

Schwab fiel ihm ins Wort: »Sind ausgerastet, ist mir schon klar! Du aber auch! Was sagen die Vorschriften in so einem Fall? Du hättest dich sofort als Beamter zu erkennen geben müssen. Warum hast du das nicht getan?«

»Erstens, weil ich mir in diesem Moment sicher war, dass die zwei durch nichts mehr zu bremsen gewesen wären.«

»Ausgezeichnetes Argument, gratuliere«, ätzte Schwab. »Das Verfahren wird sofort eingestellt, wenn du mit so was daher kommst. Und zweitens?«

Türk zuckte die Schultern. Schwab beugte sich wieder vor und fixierte sein Gegenüber.

»Soll ich's dir sagen, du elender Dickschädel?«

»Ja«, bat Türk.

»Weil du ebenfalls ausgerastet bist, als du es gesehen hast!«

Türk sah zur Seite.

»Weiß nicht. Ist alles so schnell gegangen.«

»Aber ich weiß, dass es so war. Ich weiß es auch deswegen, weil ich mir nicht sicher bin, ob ich mich nicht ähnlich verhalten hätt.« Schwab seufzte tief. »Es ist wirklich ein Kreuz mit dir. Jetzt haben wir uns halbwegs an dich gewöhnt. Und dass du dich nicht bewährt hättest, wird dir auch keiner im 29er nachsagen. Ich am allerwenigsten.«

Er schüttelte ratlos den Kopf.

Türk beendete das kurze Schweigen: »Was… was meinst du, was die jetzt tun werden?«

Schwab hob die Schultern. »Das kannst du dir ja denken, oder?«

»Ja«, gestand Türk.

»Dann frag nicht so deppert.«

Der Inspektionsleiter warf Türk einen giftigen Blick zu, stand auf, ging zum Fenster und verschränkte seine Finger hinter seinem Rücken.

Türk drehte sich zu ihm.

»Und ich? Was soll ich jetzt tun?«

Schwab blieb eine Weile stumm. Dann sah er über die Schulter.

»Als Erstes wenigstens mir gegenüber zugeben, dass du ebenfalls Mist gebaut hast«, sagte er müde.

»Aber –«

Schwab wirbelte herum und fauchte: »Nichts aber, Türk! Siehst du ein, dass du dich nicht im Griff gehabt hast? Und komm mir jetzt nicht mit akut oder übergesetzlich und so Zeugs. Also?«

Der Sessel knarzte, als er wieder auf ihm Platz nahm.

»Kann sein«, räumte Türk zögernd ein.

»Es war so!«, wetterte der Inspektionsleiter.

»Aber –«

Schwab schlug dröhnend auf die Tischplatte. »Von einem

Beamten verlange ich, dass er in solchen Situationen sein Hirn einschaltet! Vorausgesetzt, er hat eins! Wenn Kollegen beteiligt sind, schon gleich dreimal. Also? Wie willst du dich bei der Untersuchung rauswinden? Hast du da auch schon eine grandiose Idee?« Er sah Türk abwartend an. »Ich höre?«

Türk betrachtete seine Hände. Er hob den Kopf.

»Ich – ich bin keine Sekunde auch nur auf die Idee gekommen, dass es Kollegen sein könnten. Die hätten sich mehr im Griff haben müssen. Der Bub hat gegen die beiden null Chance gehabt, es war total unnötig, ihn zusammenzuschlagen. Ich jedenfalls hab sie für brutale Typen aus dem Milieu gehalten. So haben sie sich ja auch aufgeführt.«

Schwab kippte die Augen zur Seite. Nachdenklicher fuhr er fort: »Also warst du der Meinung, dass es eh nichts genützt hätte, wenn du dich als Polizist ausgegeben hättest. Darauf willst du doch raus, hm?«

»Ich sag doch: Es ist alles so schnell gegangen. Ich bin einfach der Meinung gewesen, dass ich eine schwere Körperverletzung –«

Der Inspektionsleiter unterbrach mit einer ungeduldigen Handbewegung: »– oder Schlimmeres verhüten müsste. Ist mir doch längst klar, Türk.«

»Ich hab mir jedenfalls in dieser Situation nichts davon versprochen, mich mit irgenwelchen vorgeschriebenen Prozeduren aufzuhalten.«

»Hm. Okay.« Schwab wiegte den Kopf. »Du willst drauf raus, dass du schnellstens hast reagieren müssen.«

Türk nickte eifrig.

»Genau. Ich will aber auch darauf raus, dass es zuerst diese zwei Superkollegen sind, die vor den Ausschuss gehören. Ich frag mich die ganze Zeit, wie man derart die Beherrschung verlieren kann.«

Schwabs Miene verdüsterte sich wieder.

»Das brauchst du dich nicht lange zu fragen«, brummte er. »Du brauchst dir bloß anschauen, was für einen Frust viele von uns schieben. Und bei manchen scheint's an der Souveränität zu fehlen. Die kommen damit nicht klar, wenn sie von zwei Seiten Druck kriegen – von dem, was die Politik ihnen aufhalst, und dem, was sich die Leute nicht bieten lassen wollen. Wenn da einer dann auch noch das Gefühl hat, dass ihm kein Respekt entgegengebracht wird, und dann auch noch was Privates dazukommt, dann haut's einem schnell die Sicherung raus.« Der Inspektionsleiter beugte sich vor. »Aber auch wenn du zehnmal Recht hast, Türk – das wird dir bei dieser Sache nichts nützen. Frag dich lieber, ob du mitgekriegt hast, dass sich die zwei dem Jungen gegenüber als Beamte ausgegeben haben.«

»Bestimmt nicht. Hätt ich sonst –«

Schwab unterbrach gereizt: »Was heißt ›bestimmt nicht‹? Haben sie oder haben sie nicht? Darauf kommt's an.«

»Sicher nicht«, bestätigte Türk mit Nachdruck. »Sie haben sich unbeobachtet gefühlt.«

»Hm«, knarrte Schwab. »Aber auch das werden die zwei kaum zugeben, wenn sie sich nicht selber in die Scheiße reiten wollen.«

»Ich hab Zeugen«, sagte Türk.

»Mach dich nicht lächerlich!«, fuhr der Inspektionsleiter auf. »Du wirst doch nicht so blöd sein und darauf hoffen, dass sich der junge Kerl freiwillig stellen wird? Um gleich darauf eine Anzeige wegen Widerstands und Hausfriedensbruchs zu kassieren?«

Türk schüttelte den Kopf.

»Ein paar Leute waren auf der Gasse. Ich hab die Namen.«

»Das sagt er erst jetzt!«, brauste Schwab auf. »Der Kerl bringt mich noch ins Grab. Ich sag dir eins, Türk: Allein schon um meiner Gesundheit willen hätt ich nichts dagegen, wenn sie dich endlich feuern würden.«

»Gesundheit geht vor, klar.«

»Spiel du auch noch den Eingeschnappten«, knurrte Schwab. »Nimm's lieber als Training dafür, wenn du dir in nächster Zeit ein paar unangenehmere Sachen anhören musst. Das hast du dir aber ganz allein zuzuschreiben.« Der Inspektionsleiter wies zur Tür. »Und jetzt 'nüber zu den anderen. Dalli.«

Türk stemmte sich aus seinem Sessel. Er wollte gerade nach der Türklinke greifen, als Schwab sagte: »Übrigens, Türk – Respekt.«

»Wofür?«

Schwab schmunzelte verhalten. »Na – einer gegen zwei solche Brocken. Hab gar nicht gewusst, dass du so sportlich bist.«

Türk winkte bescheiden ab.

»Ich hab eben die Überraschung auf meiner Seite gehabt, das war alles.«

»Die hast du öfter auf deiner Seite«, seufzte Schwab. »Für mein Nervenkostüm allerdings ein bisserl zu oft.«

Als hätte er vor der Tür gehorcht und das Ende des Gesprächs abgewartet, steckte Ali Baier seinen Kopf durch den Türspalt.

»Habt ihr's endlich?«, fragte er launig. »Hin und wieder wär nämlich ein Einsatz dran, so komisch euch das vorkommen mag.«

KAPITEL 3

Baier schwang sich in den Fahrersitz und startete den Motor, während Türk noch am Gurt hantierte.

»Krieg ich vielleicht noch ein paar Informationen, Ali, wo es hingeht?«, fragte Türk. »Und um was es geht?«

»Die Anruferin hat gesagt, dass im Nachbarhaus jemand umgebracht wird.«

Türk glotzte. Die rasante Abfahrt drückte ihn in den Sitz.

»Worden ist oder wird?«

»Wird.« Baier trat scharf auf die Bremse. Eine Katze hechtete panisch auf eine Gartenmauer. »Dummes Viech.« Der Motor röhrte wieder auf.

»Das meinst doch nicht wirklich ernst, oder?«, fragte Türk. »Das mit dem Umbringen, mein ich.«

Baier sah angestrengt geradeaus.

»Die Einsatzzentrale ist normalerweise kein Humorsender«, gab er mürrisch zurück. »Aber wenn's dich beruhigt: Die Anruferin soll sich angehört haben, als wär sie ein bisserl durch den Wind.«

Türk machte eine Trinkbewegung. »So?«

Baier nickte. Er verlangsamte die Fahrt und sah nach draußen.

»Da müsst es schon sein.«

Sie stellten den Wagen ab. Die schmale, von Einfamlienhäusern gesäumte Vorortstraße wirkte wie ausgestorben. Türk umrundete den Einsatzwagen, vergewisserte sich der Hausnummer und ging auf das Gartentor zu. Baier folgte ihm.

»Dr. J. Schön«, lasen sie. Türk drückte den Klingelknopf.

»Vielleicht operiert er daheim weiter«, meinte Baier. Er stellte den Kopf schräg.

»Hörst du was?«

Türk verneinte. »Aber im Erdgeschoss ist Licht. Es muss jemand da sein.«

Sie warteten einige Sekunden. Baier klingelte erneut, diesmal nachdrücklicher.

Die Sprechanlage krächzte. Die Stimme klang ärgerlich.

»Polizei. Bitte machen's uns auf.«

Der Öffner schnarrte, und am Ende des Gartenweges öffnete sich die Haustür.

»Herr Doktor Schön?«, riet Baier.

Der ungefähr eins siebzig große Mann mit der leicht fülligen Figur eines eher unsportlichen Mittfünfzigers zog den Gürtel seines Morgenmantels enger. Er runzelte fragend die Stirn, ließ seine Blicke misstrauisch über die Nachbarhäuser gleiten und fuhr sich mit der Hand durch den zerzausten Haarschopf. Seine Miene ließ keinen Zweifel daran, dass er sich gestört fühlte.

»Schön.« Seine Stimme klang beunruhigt. »Dr. Justus Schön. Was –?«

Türk stellte sich und seinen Kollegen vor.

»Wir haben einen Hinweis bekommen, dass in diesem Haus möglicherweise ein Verbrechen geschehen ist. Können wir hereinkommen?«

Schöns Blicke, in denen sich Ungläubigkeit und Ärger mischten, flog zwischen den Beamten hin und her. Dann lachte er gezwungen auf.

»Wie? Ein Verbrechen? In meiner Wohnung?« Er schüttelte bestimmt den Kopf. »Das müsste ich wissen, meine Herren. Sind Sie sicher, dass Sie sich nicht in der Adresse geirrt haben?«

Türk warf Baier einen fragenden Blick zu.

»Wir können grad noch lesen«, sagte Baier missmutig. Er setzte seinen Fuß auf die Schwelle. »Bitte – ja?«

»Aber…«, Schön wich einen halben Schritt zur Seite, machte aber noch immer keine Anstalten, den Weg in das Innere des Hauses frei zu geben. Türk musterte ihn rasch. Der Mann wirkte nicht aufgeregter als andere Menschen, wenn sie überraschenden Besuch von der Polizei erhielten.

»Aber sagen Sie mir doch bitte um Himmels willen: Um welches Verbrechen soll es sich denn handeln?« Schön versuchte einen Scherz: »Ein Mord vielleicht?«

»Wird sich gleich rausstellen,« sagte Baier.

»Wie bitte?!« Schön schnappte nach Luft. »Das kann doch nur ein Witz sein! Allerdings ein nicht sehr geglückter, das muss ich schon sagen.«

»Schauen wir vielleicht aus wie Komiker?«, blaffte Baier. Wieder fiel Türk auf, dass sein Kollege miserabel gelaunt war. Baier, sonst so begabt darin, vertrackte Situationen mit einer aufgeräumten Bemerkung zu entspannen, war seit einigen Tagen wortkarg und gereizt.

Auch Schön hatte den gereizten Ton bemerkt.

»Natürlich nicht!«, beteuerte er. »Aber hören Sie: Das ist doch absurd. Bei mir soll jemand umgebracht worden sein? Wie kommen Sie denn auf so was?«

»Wir müssen es überprüfen.« Türk wies mit einer Kopfbewegung in das Wohnungsinnere: »Können wir endlich – ja?«

Dr. Schön runzelte die Stirn. Schließlich trat er zur Seite und wies in den Flur.

»Wenn's denn sein muss«, sagte er ergeben.

»Es muss«, knurrte Baier. Er würdigte ihn keines Blicks und

ging einige Schritte in den breiten Flur. Nichts rührte sich im Haus.

Doktor Schön schob die Türe hinter sich zu und folgte den Beamten. Noch immer fassungslos, schüttelte er den Kopf. Er sah Hilfe suchend zu Türk.

»Wie kommen Sie denn überhaupt auf eine derartige Idee?«

»Wir haben einen Anruf bekommen. In der Nachbarschaft ist eine entsprechende Beobachtung gemacht worden.«

»Und wen, bitteschön, soll ich umgebracht haben? Ist doch absurd!«

»Man hat eine Frau schreien hören.«

»Ich soll eine Frau ermordet haben? Haha! Und welche Frau, bitte sehr?«

Baier streifte ihn mit einem ärgerlichen Blick.

»Ihre Frau oder –«

»Meine Frau?«, prustete Schön. »Mein Herren! Also jetzt wird's langsam zur Komödie, ja? Ich bin gar nicht verheiratet!«

»Dann halt Ihre Freundin«, sagte Baier säuerlich.

Schön lachte vergnügt auf: »Die und ermordet! Noch besser! – Einen Augenblick, ja?« Er ging zu einer der Türen, stellte sich seitlich und rief nach innen: »Schatz?« Als er keine Antwort bekam, wiederholte er es, eine Spur ungeduldiger: »Schatz!!?«

Durch das Türblatt drang ein verunsichertes Stimmchen.

»Was ist denn, Jussi?«

»Frag nicht. Komm her. Und zieh dir bitte was an, ja? Wir haben Besuch.«

Minuten später öffnete sich die Türe. Die junge Frau riss die Augen ängstlich auf, als sie die beiden Beamten sah. Sie hielt ihren Kimono mit der Linken vor der Brust geschlossen und zog ihn enger, als sie das Glotzen der beiden Männer bemerkte. Sie ließ die Klinke los, strich sich eine Locke aus der Stirn und schenkte Baier ein entschuldigendes Lächeln, als wäre es ihr peinlich, sich nicht in perfektem Aufputz präsentieren zu können. Eine träge Sinnlichkeit ging von ihren Bewegungen aus. Das Bett hinter ihr war so zerwühlt wie ihr seidenblondes Haar, und zwei Sektkelche auf dem Nachttisch ließen kaum einen Zweifel zu, was sich bis vor kurzem in diesem Raum zugetragen hatte.

»Polizei?« Sie richtete ihre großen dunklen Augen auf Schön. »Jussi, was… was ist denn passiert?«

Der Angesprochene wandte sich lächelnd an die beiden Beamten.

»Lissi. Meine – wie sagt man?« Er schien nach der geeigneten Bezeichnung zu suchen.

»Freundin«, half Türk aus.

Schöns Stolz war der des erfolgreichen Eroberers. »Eine sehr nahe, gewissermaßen.«

Er wies auf das Mädchen, das noch immer verlegen in die Runde blickte. »Aber jetzt sagen Sie selbst, meine Herren – sieht so eine Tote aus?«

»Nicht direkt«, gestand Türk ein.

Schön nickte zufrieden. »Da muss ich Ihnen zustimmen.«

»Was ist denn passiert?«, wiederholte die junge Frau.

»Nichts, Schatz. Kannst wieder gehen.« Schön sah die beiden Polizisten an. »In Ordnung?«

»In Ordnung«, bestätigte Türk verlegen. »Tja… haben Sie vielleicht so einen, äh, Lärm gemacht, den jemand hätte missverstehen können?

Schön lachte satt.

»Lärm gemacht? Naja, die Lissi ist nicht gerade eine, die kein Temperament hat – was, Schatz?«

Sie senkte verschämt die Augen.

»Aber… jetzt sag halt…?«, setzte sie noch einmal an.

»Ist alles in bester Ordnung, Schatz. Mach dir keine Sorgen. Geh wieder rein, ja? Die Herrschaften haben alles gesehen –«, er zwinkerte den Beamten komplizenhaft zu, »– was es zu sehen gibt. Nicht wahr?«

Türk räusperte sich betreten. Baier wich seinem Blick aus. Die junge Frau lächelte mädchenhaft und zog sich zurück. Ihr Liebhaber schloss die Schlafzimmertür hinter ihr und ging einige Schritte in Richtung Eingang. Die beiden Beamten folgten seiner Handbewegung.

»Sagen Sie: Wann soll dieser so genannte Mord denn eigentlich geschehen sein?«, wollte Schön wissen.

»Wir sind vor ungefähr fünfzehn Minuten angerufen worden«, erklärte Türk.

»So gegen halb elf Uhr also«, folgerte Schön. »Dann, würde ich sagen, dürfte das Rätsel ja gelöst sein, nicht wahr?«

»Sieht so aus«, musste Türk zugeben. »Seit wann sind Sie beide denn schon daheim?«

Schön lachte leise. Er steckte seine Hände in die Taschen seines Bademantels.

»Sie können es nicht lassen, was? Nun gut, wenn Sie es genau wissen wollen: Wir haben uns seit dem frühen Abend, sagen wir ab etwa 19 Uhr, nicht mehr aus der Wohnung bewegt. Zuerst haben wir uns ein exzellentes Abendessen gegönnt – bitte, wenn Sie Hunger haben, ein Rest vom Gratin wäre noch übrig –?«

Türk winkte ab. »Schon recht. Und weiter?«

»Anschließend haben wir es uns, wie man so sagt, gemütlich gemacht, nicht wahr? Ins Detail werde ich jetzt aber nicht gehen. Ich sage Ihnen nur so viel: Mord war es nicht, was da passiert ist.« Er schmunzelte. »Das Gegenteil davon hoffe ich allerdings auch nicht.«

Türk sah zu Baier. Klingt wohl glaubwürdig, signalisierte dieser mürrisch zurück.

»Tja, dann… gibt's im Haus noch andere Bewohner?«

Schön schüttelte den Kopf.

»Ich wohne hier allein. Bitte, Sie können gerne nachsehen. Außerdem – wenn es hier im Haus etwas Verdächtiges gegeben hätte, dann wäre ich der Erste gewesen, der etwas hätte hören müssen, oder?« Er zog die Eingangstür auf. »Und Sie sind angerufen worden, sagten Sie? Darf ich fragen, wem ich Ihren Besuch – den ich Ihnen natürlich nicht übel nehme, es ist ja schließlich Ihre Pflicht – zu verdanken habe?«

Türk blieb auf die Schwelle stehen. Baier wand sich hinter ihm ins Freie.

»Der Anruf war anonym.«

»Anonym… Na gut, ich verstehe, dass Sie mir das nicht sagen dürfen.« Schön sah grimmig zur Seite. »Und das müssen Sie auch nicht. Ich glaube, ich kann es mir denken.«

Türk war mäßig interessiert. »Ahja?«

»Sehr gut sogar. Ich glaube, ich kann dafür sorgen, dass Sie in Zukunft nicht mehr mit derartig hanebüchenen Anrufen traktiert werden.«

»Das lassen's lieber bleiben, Herr Doktor«, sagte Türk streng. Versöhnlicher fuhr er fort: »Wer, meinen Sie, könnt's denn gewesen sein?«

Ein viel sagendes Lächeln spielte um den Mund des Doktors. »Eine längere und sehr private Geschichte, meine Herren. Bitte ersparen Sie mir, ausführlicher zu werden, was meine turbulente Jugend betrifft. Ich will mir meine gute Laune nicht verderben. Der Abend ist schließlich noch jung. In Ordnung?«

»In Ordnung«, bestätigte Türk. »Aber trotzdem die Warnung: Auch wenn Sie einen Verdacht haben – Sie halten sich zurück, klar? Das ist unser Bier.«

Schön zuckte die Schultern.

»Gut, wenn Sie nicht wollen, dass ich initiativ werde, dann

verzichte ich darauf. Ich habe es nur gut gemeint. Es ist ja empörend, für welchen Blödsinn die Polizei herhalten muss. Ich bedauere Sie wirklich, und peinlich ist es mir zudem. Glauben Sie mir.«

»Nett von Ihnen«, meinte Baier.

»Entschuldigen's die Störung«, fügte Türk hinzu.

Sie verabschiedeten sich und traten auf den Bürgersteig.

»Wieder mal blinder Alarm«, seufzte Türk. »Aber wir sollten's auch positiv sehen, Ali.«

»Fällt mir aber schwer.« Baier kramte nach dem Autoschlüssel und sah ihn nicht an. »Was soll daran jetzt auch noch positiv sein, wenn wir für nichts und wieder nichts in der Gegend herumgescheucht werden?«

»Dann überleg mal«, sagte Türk aufgeräumt. »Wenn's kein blinder Alarm gewesen wär – auf sowas können wir doch auch verzichten, oder?«

Baier entriegelte die Wagensperre. »Schleimer«, murrte er. »Hab ich echt gefressen, Typen wie die.«

Er ließ sich in den Sitz fallen und knallte die Wagentüre zu.

»Der Doktor grad?«

»Wer sonst?«

»Jetzt komm«, besänftigte Türk, während er nach dem Gurt suchte. »Was hat er dir denn getan?«

Baier erwiderte seinen Blick nicht. Er gab einen unwilligen Ton von sich und startete den Motor.

»Es ist der Neid«, stellte Türk fest.

»Sowieso, Türk«, knurrte Baier. »Also – wo wohnt die Alte gleich nochmal?«

KAPITEL 4

Baier musste den Wagen nur zur Parallelstraße lenken. Die Anruferin wohnte mit dem Rücken zu Dr. Schöns Haus. Beide Grundstücke waren, nur leicht versetzt, durch schmale Gartenparzellen im Inneren des Karrees voneinander getrennt.

Ein verängstigtes Stimmchen quakte aus der Sprechanlage.

»Polizei. Bitte machen Sie auf, Frau Kühn.«

Was sie kurze Zeit später vorfanden, überraschte sie nicht.

Frau Kühn bot ein Bild des Jammers. Ihre Augen waren rot gerändert, und Türk und Baier mussten erst ihre Ausweise durch den Türspalt präsentieren, ehe sie zögernd die Kette löste und die Beamten in ihre Wohnung ließ. Die zierliche Frau schob die Türe hinter ihnen zu und schlurfte einige Schritte voraus in den Flur. Sie blieb stehen, schlang ihre Hände wie fröstelnd um ihre Oberarme und sah zu den Beamten hinauf.

»Aber… aber woher wissen Sie überhaupt, dass ich –?«

Baier fiel ihr unwirsch ins Wort. »Weil Ihre Nummer im Display zu lesen war.«

Sie sah schuldbewusst zu Boden.

»Ja, dann… daran habe ich nicht gedacht… ich hatte Angst, er könnte auch mich…«, murmelte sie. Sie hob den Kopf. »Entschuldigen Sie bitte, wie's bei mir aussieht.«

Die Männer sahen sich um. Die Wohnung wirkte nicht ärmlich. Die Frau schien passabel zu verdienen. Im geräumigen Flur entdeckten sie den dezenten, penibel geordneten Krimskrams, wie es dem Klischee von der alleinstehenden Frau entsprach. Dagegen schien in ihrem Inneren einiges umso mehr in Unordnung geraten zu sein.

Türk winkte ab.

»Ach was«, beruhigte er sie. »Was glauben Sie, was wir uns schon alles haben anschauen müssen. – Nein, erst einmal grundsätzlich Danke, dass Sie angerufen haben.«

Sie schlug ihre Hand vor den Mund. »Sie… Sie waren dort?«

Die Beamten nickten.

Irene Kühn trat einen Schritt auf sie zu. Ihre Augen waren angstvoll geweitet. Nervös nestelte sie an ihrem Halskettchen.

»Er ist ein Mörder, nicht wahr?«

Türk schüttelte den Kopf. »Ihr Nachbar hat niemanden umgebracht. Stattdessen –«

»Aber… waren Sie im richtigen Haus?! – Schön?! – Doktor Schön?!«

»Ja«, sagte Baier genervt. »Hausnummern lesen bringen wir grad noch zusammen.«

Ungläubig irrte ihr Blick zwischen den Beamten umher. Ihre Augen füllten sich mit Tränen.

»Aber wenn ich es doch gehört habe!«, brach es aus ihr heraus. »Es waren Schreie, wie… wie wenn jemand ermordet wird! Und danach… danach war es ganz still.«

Baier verzog boshaft sein Gesicht. Türk musterte sie von der Seite. Wie alt mochte die Frau sein? Er entschied sich für fünfundvierzig, maximal fünfzig. Ihre Figur musste, würde sie nicht gerade von diesem gestrickten, ältlichen Hausmantel verborgen, noch tadellos sein. Die Andeutung einer harten Linie um die Nasenflügel tat ihrer Attraktivität keinen Abbruch.

Doch jetzt, zitternd und ungeschminkt, mit vor Verletztheit und Aufregung gerötetem Gesicht, stumpfem Haar und kraftlos herabgesunkenen Schultern, wirkte sie bemitleidenswert. Sie sprach schleppend. Vermutlich hatte sie getrunken.

Türk hob die Schultern. »Tja, so was kann aber auch andere Gründe haben.«

Sie schüttelte heftig den Kopf. Eine fettige Strähne fiel ihr in die Stirn.

»Aber wenn ich's doch gehört hab! Stundenlang ist das so gegangen!«

Türk wurde ärgerlich. »Frau Kühn, zwischen Ihrem und dem Nachbarhaus sind's fast zwanzig Meter. Da schwächt sich auch der lauteste Krach ab, soweit er von Menschen erzeugt worden ist, und –«

»Aber diese… diese furchtbaren Schreie!«, flüsterte sie leidend.

»– und wenn man das Fenster zumacht, wäre er gar nicht mehr zu hören. Wie wär's eigentlich damit gewesen?«

Ihr Kinn sank auf ihre Brust. Tonlos haspelte sie: »Aber… stundenlang hab ich mir das anhören müssen. Um acht ist es schon losgegangen, es hat gar nicht mehr aufhören wollen.«

»Stundenlang? Respekt«, ließ Baier sich vernehmen.

»Doch… ja… bis… bis kurz bevor ich angerufen hab.« Sie kniff ihre Lider zusammen, als bereite es ihr Kopfschmerzen, sich zu erinnern. »Bis kurz vor elf ungefähr.«

Baier zog seinen Hosenbund hoch. »So lange dauert ein Mord normalerweise nicht, gute Frau.«

Türk nickte ihm zu und sah die Frau ernst an. »Und jetzt im Klartext, Frau Kühn: Wir sehen, dass Sie in einem etwas angegriffenen Zustand sind, und drum wollen wir die Sache noch mal auf sich beruhen lassen.«

Sie nestelte nervös an ihrem Kragensaum und schien nicht zu verstehen.

»Wie… beruhen…?«

»Irreführung der Behörden ist strafbar«, raunzte Baier.

»Strafbar? Weil ich –?« Ihr Blick brannte. Sie holte empört Luft. »So lasse ich nicht mit mir umgehen!«

Baier fuhr sie an: »Und um so eine handelt es sich, wenn Sie den Polizeinotruf missbrauchen, um Ihrem Nachbarn den Spaß zu verderben. Haben wir uns verstanden?«

»Aber dieser Mann ist ein Verbrecher! Ich schwöre es Ihnen! Ein ganz gemeiner –«

Türk unterbrach sie streng: »Frau Kühn, Schluss jetzt! Reden's Ihnen nicht um Kopf und Kragen. Wir können ja verstehen, dass es Sie verletzt, wenn –«

»– Sie vielleicht abserviert worden sind«, half Baier wenig feinfühlig aus.

Türk brachte Baier mit einem tadelnden Blick zum Schweigen. »Und sich das auch noch mit anhören müssen. Aber trotzdem muss ich Ihnen in aller Deutlichkeit sagen, dass das in Zukunft zu unterbleiben hat. Ist das ein für alle Mal klar, Frau Kühn?«

Sie senkte geschlagen den Blick und murmelte etwas, das sich nach einem ›ja‹ anhörte.

Wenig später hörten die beiden Männer, wie Irene Kühn hinter ihnen den Schlüssel zweimal im Schloss drehte und die Kette einlegte.

»Hat mir fast Leid getan«, meinte Türk, als sie sich bereits wieder auf der Rückfahrt zur Inspektion befanden.

»Spar dir das«, gab Baier mürrisch zurück. »Von Weibern verstehst du nichts. Sie wollt ihn bloß schikanieren.« Er bog auf den Parkplatz ein. »Und dafür braucht's Trottel wie uns.«

KAPITEL 5

So konnte das nicht weitergehen.

Mit seinem Neffen Friedl würde er bald andere Saiten aufziehen müssen. Er musste ihm endlich klar machen, was der Unterschied zwischen einem Liebesnest und der Wohnung eines Polizeibeamten ist. Es ging nicht an, dass Türk am frühen Morgen von der Schicht zurückkehrte, im Flur die Kleidungsstücke einer neuen Flamme hingen, sich im Spülbecken Geschirr türmte und ein Blick durch den Türspalt auf zerwühltes Bettzeug und zwei zerzauste Schöpfe bestätigte, was die vorangegangenen Beobachtungen vermuten ließen.

Dabei war der Bub erst siebzehn! Und hatte schon ein Liebesleben wie ein Erwachsener! Einmal hatte Türk versucht, mit ihm über Verhütung zu sprechen. Doch es hatte sich schnell gezeigt, dass Friedl durchaus auf dem Laufenden war. Türk hatte die peinliche Übung schnell beendet, und es hatte ihn zuletzt nur noch rasend gemacht, dass Friedl jeden zweiten seiner Sätze mit »…und so…« abschloss.

Ließ er ihm zu viel Freiheit? Ja, keine Frage. Aber er hätte ihm schon längst die Leviten gelesen, wenn er nicht immer zwischen Verständnis und Verärgerung hin- und hergerissen wäre. Jedes Mal, wenn wieder ein Unbehagen über Friedls Lebenswandel in ihm hochstieg, erinnerte er sich daran, mit welchem Krampf, mit wie viel Verrenkungen er sich selbst in diesem Alter mit ersten Erfahrungen quälen musste, immer die Kontrolle von Mutter, Nachbarschaft und Lehrern im Genick. Er war dann jedes Mal wieder geneigt, dem Jungen all dies von Herzen zu gönnen.

Trotzdem wurmte ihn, dass Friedl seine Abwesenheit immer häufiger auszunützen schien, um seiner Flamme eine sturmfreie Bude zu präsentieren. Wer war das Mädchen überhaupt? Er hatte ihn doch einmal mit einem igelhaarigen Rotschopf auf der Auer Dult gesehen. Was er aber jetzt in Friedls Bett zu sehen bekommen hatte, war nicht Pumucklrot, sondern so tiefschwarz, dass es auf die Laken abfärben musste.

Ärgerlich stellte Türk fest, dass das Bad nach jungen Leuten roch.

War er einfach neidisch? War es so weit schon mit ihm gekommen? Wurde er langsam alt? Ein frustrierter, missgünstiger Spießer?

Türk betrachtete sein übernächtigtes Gesicht im Spiegel. Er seufzte.

Nein, der Kleine war in Ordnung. Er hatte sich schnell in München eingelebt. Von Flausen wie jenen, sich binnen kurzer Zeit als Fernsehstar feiern lassen zu können, schien er sich verabschiedet zu haben. Er hatte daheim in Freilassing einfach zu viele dieser blödsinnigen Casting-Shows gesehen. Sein Lehrberuf als Schreiner gefiel ihm, und auch seine privaten Dinge packte er mit verblüffendem Selbstbewusstsein an.

Und hatte denn er, Türk, sich in diesem Alter noch von irgendjemand etwas sagen lassen? Wahr war ebenso, dass die Anwesenheit des Jungen ein wenig die Miefigkeit aus seinem Leben vertrieben hatte. Auch wenn er gelegentlich ratlos war, wie er Friedls Abenteuer einschätzen sollte, so überwog doch herzliches Gönnen. Das allerdings von der Sorge durchsetzt war, dass der Junge etwas zu viel von seinen Eltern mitbekommen haben könnte. Die an Verantwortungslosigkeit grenzende Lebensgier seiner chaotischen Schwägerin Sabine, die ihren Sprössling ungefragt bei ihm geparkt hatte, weil sie sich offensichtlich wieder unbelastet auf die Männerpirsch begeben wollte. Vor allem aber die sträfliche Naivität seines Bruders Frankie, einem eigentlich liebenswerten Windhund, harmlosen Sprücheklopfer und begnadeten Pechvogel, der an keinem Hundehaufen vorbeigehen konnte, ohne in ihn zu treten, und der bereits seit einem Jahr im Straubinger Knast einsaß, nachdem er bei einem windigen Deal mit zwei gerissenen Kroaten wieder einmal den Kürzeren gezogen hatte. Sie hatten ihn nicht davor gewarnt, dass ihnen die Polizei auf die Schliche gekommen war, hatten die gesamte Beute eingesackt und waren rechtzeitig getürmt.

Auch wenn Türk, weil ihm die Rolle des Ersatzvaters zu überraschend zugefallen war, keinen Schimmer hatte, wie er es anstellen sollte: Dem elterlichen Erbe des Jungen musste er etwas entgegensetzen, das war er ihm schuldig.

Mit diesen Gedanken konnte er leben. Sie gefielen ihm an sich. Er streckte sich zufrieden, gähnte, ließ sich ins Bett fallen und zog sich die Decke über die Brust. Bevor ihm die Augen zufielen, vergewisserte er sich noch, dass er den Wecker gestellt hatte.

Der Weckzeiger stand auf zehn Uhr. Das musste reichen. Er würde es noch rechtzeitig zum Ostfriedhof schaffen. Zur Beerdigung von Gustl Anetzberger, dem früheren Wirt des *Bayerischen Brünnls*. Der Inspektionsleiter würde ihn zwar dafür anmeckern, weil wieder einmal nicht zu übersehen sein würde, dass er zu wenig geschlafen hatte. Aber es war keine Frage, dass er nicht fehlen durfte, wenn der Gustl zu Grabe getragen wurde. Schon schläfrig, dachte Türk wehmütig an den Alten. An sein verschmitztes Grinsen, sein von Falten durchfurchtes, viereckiges Bauerngesicht, aus dem zuletzt Altersgüte gestrahlt hatte.

Er hörte noch, wie vor dem Fenster das Rauschen des Regens einsetzte. Dann schlief er ein.

KAPITEL 6

Die Zahl der Trauergäste, die den früheren Wirt des *Bayerischen Brünnls* auf seinem letzten Weg begleiteten, hätte so manchem Prominenten zur Ehre gereicht. Gustl Anetzberger war steinalt geworden. Und doch hatte sein Tod alle, die ihn gekannt hatten, überrascht. Zwar hatte im Viertel schon seit Wochen die Runde gemacht, dass er seine Wohnung nicht mehr verlassen könne, aber keiner wollte daran glauben, dass seine Zeit nun tatsächlich zu Ende gegangen war.

Niemand weinte. Eine schöne Melancholie lag auf den Gesichtern. Ein nicht immer leichtes, aber doch gutes Leben hatte sich gerundet. Manche der Anwesenden hätten es nie und nimmer so ausdrücken können – aber es schien, als erahnten sie in diesem Augenblick wieder so etwas wie die Größe und den Reichtum des eigenen Daseins. Viele nahmen nicht nur Abschied von ›ihrem‹ Gustl, sondern auch von einem Teil ihrer Jugend und ihres Lebens. Solange Anetzberger das *Bayerische Brünnl* betrieb, war sein Gasthaus eine Institution im Viertel gewesen, und viele fühlten jetzt, dass mit dem Alten auch eine Epoche gestorben war.

Auch Türk war bewegt. Schon bald nachdem er nach München gezogen war, war das *Brünnl* zu seiner Stammwirtschaft, der Wirt ihm eine Art väterlicher Freund geworden. Die auf der Speisekarte zu lesende Anpreisung ›gepflegter‹ Biere war noch keine Worthülse, das Essen bodenständig, gut und günstig. Die Schnitzel lappten über den Tellerrand, und die Schinkennudel-Portionen waren bemessen, als gälte es, einem Holzfäller für drei Tage Kraft zu spenden.

Es hatte ihm einen Stich gegeben, als er vor einigen Monaten feststellen musste, dass sich das Lokal jetzt *›food 'n more‹* nannte. Darin quälte ein Designer die Gäste mit seiner Ambition täglich aufs Neue – eine Folter, die das neue Klientel, bestehend aus tristem und verwöhntem akademischen Jungvolk, jedoch gerne auf sich zu nehmen schien. Die meisten der ehemaligen Gäste mieden die neue Kneipe, allein schon der gesalzenen Preise wegen, und hochnäsige Bedienungen hätten jeden Versuch einer Rückeroberung durch die früheren Besucher im Keim erstickt.

Der alte Wirt hielt sich mit seiner Meinung zurück. Er wusste, dass diese weder bei den neuen Wirten noch bei der Brauerei gefragt war. Aber er konnte nicht verhehlen, dass es ihn nicht froh gemacht hatte zu sehen, wie sein Lebenswerk binnen weniger Jahre verkam.

Doch jetzt lag nur noch mildes Vergeben in der Luft. Die Abgesandten des von SPD und Grünen dominierten Bezirksausschusses saßen einträchtig neben kantigen Altkommunisten, Veteranen des VdK neben Mitgliedern des längst aufgelösten Sterbevereins, die »Naturfreunde«, deren Übungslokal das Nebenzimmer des *Brünnls* gewesen war, neben den »Schachfreunden München-Süd«. Anerkennend wurde notiert, dass auch ein bekannter Schauspieler des Residenztheaters nicht vergessen hatte, wer ihn während seiner Ausbildung durchgefüttert hatte. Dem Leiter der *Volksbühne Untergiesing* war es jedoch nicht gelungen, einen Sitzplatz an seiner Seite zu ergattern.

Das Zither-Orchester der »Naturfreunde« hatte es sich nicht nehmen lassen, in vollständiger Besetzung anzutreten. Man wusste, was der Alte sich gewünscht hätte. Er war in seiner Jugend ein begeisterter Bergsteiger gewesen. Der Dirigent gab ein Zeichen. Knotige Finger griffen in die Saiten. Ein inbrünstiges »La Montanara« brach sich an der miserablen Akustik der Trauerhalle.

Unter leisem Hüsteln trat der Altpfarrer neben den Sarg, der Anzug um den mageren Körper flatternd, das zerknitterte Gesicht ernst und bekümmert. Man wusste, dass Gustl Anetzberger nie aus der Kirche ausgetreten war, obwohl er aus seiner Abneigung gegen sie nie einen Hehl gemacht hatte. Erleichtert stellte man bald fest, dass dieser Umstand den lebenserfahrenen Kirchenmann nicht in Verlegenheit bringen sollte. Er versuchte nicht erst, den Verstorbenen als guten Gläubigen hinzustellen, hob dafür dessen Hilfsbereitschaft und selbstverständlich gelebte Toleranz hervor, die er mit Erinnerungen gemeinsamer Aktivitäten aus der Nachkriegszeit garnierte. Er streifte, dass Anetzberger in seiner Jugend einige Monate in Dachau zu leiden hatte, weshalb Verständnis dafür aufzubringen sei, dass der Wirt seinen streitbaren Eigensinn und seine politische Meinung – die, das wisse man, nicht die seine sein konnte – niemals verleugnet hatte. Der alte Priester endete damit, dass das Fegefeuer für den Heimgegangenen nach seiner festen Überzeugung nur kurz währen würde und dass, wenn für einen Menschen die Bezeichnung ›Wohltäter‹ gerechtfertigt sei, dann auf jeden Fall für Gustl Anetzberger.

Bei diesen Worten nickten die schütteren Schädel einiger Alter. Sie erinnerten sich an die vielen Winter, als das *Bayerische Brünnl* ihnen als Wärmestube gedient hatte.

Dem Altpfarrer folgte, behutsam Schritt vor Schritt setzend, ein schlohweißer Greis. Er stellte sich als Mitglied der »Vereinigung der Verfolgten des Naziregimes« und Leidensgenosse des Dahingeschiedenen vor. Mit jenen Spuren von Metall in der Stimme, wie sie Menschen eigen ist, die Unüberstehbares überstanden haben, erinnerte er an seinen

Freund. Ein Mann großer Worte sei Gustl Anetzberger nie gewesen. Doch wenn es darauf ankam, sei mit ihm umso mehr zu rechnen gewesen. Dass sie unterschiedlichen politischen Richtungen angehörten – Anetzberger den Sozialdemokraten, er den Kommunisten –, sei spätestens in Dachau belanglos geworden. Als er sich zu Ende seiner Ansprache in Richtung des Katafalks mit dem schlichten Fichtensarg wandte und dem Toten dankte, ihm einmal das Leben gerettet zu haben, fiel jede Gesetztheit von ihm ab. Hatte er sich zuvor kerzengerade gehalten, so schien er jetzt kraftlos in sich zusammenzusacken. Seine Hände flatterten unkontrolliert, seine Stimme wurde brüchig, er wechselte vom ungeübten, feierlichen Hochdeutsch in ein leiser werdendes, weiches Münchnerisch, und nur noch in den ersten Reihen waren seine Abschiedsworte zu vernehmen. Denen, die sie hören konnten, schnürte es die Kehle zu. Ein junger Mann stürzte nach vorne, führte den Weinenden behutsam auf seinen Sitz und gab den Musikern ein Zeichen.

Schon zu Beginn der Zeremonie war durchgesickert, welches Stück sich Gustl Anetzberger für seine Beerdigung gewünscht hatte. »Etwas, mit dem er die Schwarzen ein letztes Mal tratzen kann«, hatte man sich gerührt zugeflüstert. Doch als jetzt die ›Internationale‹ in getragenem Tempo und älplerischem Arrangement zur Gewölbedecke emporwummerte, verkrampften sich einige der Trauergäste unwillkürlich. Leises Murmeln wogte auf, verebbte aber schnell.

Als die Trauernden wenig später hinter dem Sargkarren ins Freie traten, nieselte es noch immer leicht. Schirme wurden raschelnd entfaltet. Ein kühler, würziger Wind zauste alte Schöpfe und zerrte an Kopftüchern.

Türk, der zuvor in der hintersten Reihe Platz gefunden hatte, trat zur Seite und ließ die Menge passieren. Dünne Schwaden muffigen Geruchs, wie er selten getragenen, von

Mottenkugeln konservierten Anzügen und schlichter Seife anhaftete, zogen an ihm vorbei.

Viele der Trauergäste kannte er noch. Mancher schien beim Vorbeigehen einen Augenblick zu rätseln, wo er Türks Gesicht einordnen sollte, um ihm schließlich mit spärlichem Lächeln zuzunicken.

Friedemann Lamm gehörte dazu. Er betrieb seit Jahrzehnten ein winziges Antiquariat in einem Haus in der Nähe der Giesinger Kirche, das dem Verstorbenen gehört hatte. Lamm musste bereits weit jenseits der fünfzig sein. Er wirkte müde und niedergeschlagen. Sein Anzug schlotterte um seinen Körper. Sein lichter gewordenes Haar hatte er noch immer im Nacken gebunden. Wie viele Großwüchsige, die lästige Aufmerksamkeit vermeiden wollten, ging er stets leicht gebückt. Türk hatte den zurückhaltenden Mann einmal in seinem Laden besucht. Wie Livingstone aus dem Dschungel war Lamm aus dem Dunkel seiner Bücherhöhle getaucht und hatte bereitwillig den Wälzer taxiert, den ihm Türk entgegengehalten hatte. »Werfen Sie's weg«, hatte Lamm nach kurzer Prüfung freundlich empfohlen. »Das ist Zeitgeistpoesie aus den Dreißigern, noch dazu eine miserable.« Er hielt noch eine Seite des Innenteils mit Kennermiene gegen das Lampenlicht. »Außerdem war der Drucker ein Stümper.« Türk hatte sich damals ein wenig beschämt gefühlt, und Gesprächen mit Friedemann Lamm war er seither eher ausgewichen.

Hinter dem Antiquar stapfte ein in sich gekehrter junger Mann mit graublauen Wangen und einem hängenden Schnauzer durch den Kies. Er war stämmig, keine eins siebzig groß und hielt seinen Kopf gesenkt, so dass in der Menge von ihm kaum mehr als sein widerspenstig abstehender, dunkler Haarschopf zu sehen war. Es musste der Schreiner sein, dem der Wirt vor vielen Jahren das kleine Rückgebäude überlassen hatte, in welchem sich der junge Mann eine Restaurier-Werkstatt einrichten und, im Dachgeschoss darüber, eine winzige Wohnung ausbauen konnte.

Türk meinte sich zu erinnern, dass der Alte ihn ›Joe‹ gerufen hatte.

Bebbe, der einzige Sohn Anetzbergers, ging direkt hinter dem Sarg. Die rasselnd schnaubende, massige Gestalt des etwa Fünfzigjährigen, mehr noch sein ungesund gerötetes Gesicht stachen im Meer ernster Mienen und dunkler Bekleidung hervor. Bebbe wirkte angemessen betroffen, schien aber vor allem von der Feierlichkeit des Augenblicks und der Bedeutsamkeit berührt, die ihm in diesem Moment als nächstem Angehörigen zukam. Etwas von der beeindruckenden Ehrerbietung, die seinem Vater galt, fiel jetzt auch auf ihn.

Das tat ihm gut. Er hatte dieses Gefühl vermutlich zum ersten Mal in seinem Leben. Seine Mutter Nanni, an deren Seite man ihren Gatten Gustl bald betten würde, war bereits in den Achtzigern gestorben. Die Ehe zwischen ihr und Gustl Anetzberger war nicht gut gegangen. Der Wirt war eine starke Persönlichkeit gewesen. Nanni, selbst aus ärmlichen Haidhauser Verhältnissen stammend, konnte das nie überwinden. Sie sehnte sich danach, selbst im Mittelpunkt zu stehen, wollte aber nicht einsehen, dass sie nicht das Format ihres Gatten hatte, weder in geschäftlichen Dingen, noch in geistigen. So begann sie, ihren einzigen Sohn als Verbündeten in diesem Kampf aufzubauen. Sie verhätschelte ihn, nahm ihn gegen den fordernden Vater in Schutz, unterlief dessen erzieherische Maßnahmen. Sie hielt den Sohn klein, um wenigstens mit selbstloser Übermutterung zu beweisen, dass ihre Existenz von Bedeutung war. Doch sie musste erfahren, dass Gustl Anetzberger auch das nicht gebührend anerkennen wollte. Er warf ihr immer wieder vor, den Buben zu einem lebensuntüchtigen Muttersohn zu verzärteln.

Nanni verlor schließlich die Schlacht gegen den Mannsbrocken, an dessen Liebe sie sich längst nicht mehr erinnern konnte. Sie war ausgezehrt und erschöpft und noch keine siebzig, als ihr Leben gänzlich erlöschte. Als Gustl Anetzberger versuchte, die Zügel von Bebbes Erziehung wieder in die Hand zu nehmen, war es längst zu spät. Die beiden fanden keinen Zugang mehr zueinander. Die schwächliche Opposition des Jungen prallte an der Mächtigkeit des Vaters ab. Bebbe begann, allerlei Dummheiten zu machen, rannte immer wieder gegen den Alten an, rieb sich auf, begann ihn inbrünstig zu hassen, fing zu trinken an und wurde über die Jahre zu einem Nichtsnutz, aus dessem zündholzkopfrotem, geschwollenem Gesicht nur noch unvernünftiges Gerede polterte – ein Nichtsnutz, der seine entsetzliche Unsicherheit mit durchsichtiger Großmäuligkeit zu kaschieren versuchte.

Doch jetzt würde er erben. Das Haus an der Giesinger Kirche. Es war nicht groß, hatte nur zwei Stockwerke; alle Geschosse des zerbombten Hauses wieder hochzuziehen, hatte der Großvater nach dem Krieg nicht finanzieren können. Das Gebäude war noch ordentlich in Schuss. Doch mit seiner wettergrauen, an einigen Stellen bereits rissigen Fassade, den im Inneren abgetretenen Treppen und Böden, vor allem den altertümlichen sanitären Installationen war es weit davon entfernt, als luxuriös angeprießen werden zu können.

Aber es lag hohes Baurecht darauf.

Als der Sarg in die Grube geseilt worden war, ein niederrangiger Vertreter der Augustiner-Brauerei sich für langjährige Treue bedankt und ein Veteran der Bergsport-Abteilung des TSV München-Ost dem ehemaligen Bergkameraden ein letztes ›Berg-Heil‹ nachgerufen hatte, handelte sich die alte Frau Mühlbauer noch einen erst erschrockenen, dann strafenden Blick des Friedhofsangestellten ein, weil sie ein in Geschenkpapier umwickeltes Brikett auf den Sarg hatte poltern lassen (damit es, wie sie später erklärte, den Gustl nicht friere im Grab, und sie ihm dies schuldig sei, weil er ihr, es muss irgendwann um die Währungsreform gewesen sein, Brennmaterial spendiert hatte, was ihrem damals schwerkranken Kind vermutlich das Leben gerettet hatte).

Der Regen nahm zu. Die Trauergemeinde löste sich auf. Bebbe hatte es eilig. Nervös grüßte er, schüttelte noch einige Hände und stiefelte schwer zum Ausgang. Im Gehen kramte er Zigaretten aus der Innentasche seines Mantels, steckte sich eine an und nahm einen tiefen Zug.

Türk sah auf die Uhr. Die Trauerfeier hatte länger gedauert als erwartet. Er würde sich beeilen müssen, um noch rechtzeitig zum Dienst zu kommen. Er warf einen letzten Blick zurück. Die Friedhofsarbeiter traten bereits ungeduldig von einem Fuß auf den anderen. Nur noch Friedemann Lamm und die alte Frau Mühlbauer standen versunken an der offenen Grube.

Nach einer Weile berührte die alte Frau den Arm des Antiquars, flüsterte ihm etwas zu, und taperte mit gesenktem Kopf in Richtung Ausgang. Auch Türk schlug seinen Kragen hoch und wandte sich zum Gehen.

Dann sah er Reiter.

Der Kommissar musste sich während der Beerdigung hinter einem Grabstein verborgen haben. Nun gab er ein Zeichen. Zwei Männer tauchten aus dem Steinmeer und steuerten von beiden Seiten auf Lamm zu. Sie riefen seinen Namen. Der Antiquar drehte sich erstaunt um. Einer der beiden Männer sagte etwas zu ihm.

Türk sah, wie Friedemann Lamm zusammenfuhr, als hätte ihn ein Faustschlag getroffen. Er starrte die Beamten, die sich vor ihm aufgebaut hatten, mit ungläubigem Entsetzen an. Er schüttelte heftig den Kopf, seine Haare flogen. Einer der Beamten berührte den Ärmel des Mannes. Er verstärkte den Griff, als Lamm empört aufbegehrte und versuchte, sich frei zu machen. Das kurze, lächerlich schwächliche Gerangel war bald zu Ende. Der Antiquar gab auf. Mit dünnem Klicken schnappten Handschellen zu.

Türk spurtete zur Südpforte, rannte die Friedhofsmauer entlang zum westlichen Ausgang. Mehrere Einsatzfahrzeuge standen auf dem Gehweg. Er sah gerade noch, wie die beiden Beamten den verstörten Lamm auf die Rückbank eines Einsatzfahrzeuges verstauten. Der Wagen wendete mit quietschenden Reifen und fädelte sich in den Verkehr Richtung Innenstadt ein.

Zwei Autos standen noch auf dem Gehweg. Einige Beamte waren dabei, den Einsatz abzuwickeln.

Türk schlenderte betont unbeteiligt an einen der Wagen heran.

»Warum ist der Mann eben grad verhaftet worden?«, fragte er durch die halb geöffnete Seitenscheibe.

Der junge, schlaksige Beamte sah an ihm vorbei. »Gehens weiter, sinds so gut, ja?«

»Ich bin Kollege, Kollege.«

Ein zweifelnder Blick streifte Türk.

»Meinetwegen. Aber nicht bei der Kripo. Sonst tät ich Sie schließlich kennen«, versetzte der Beamte. Er maß ihn abschätzig und und fügte hinzu: »S-ler, hm?«

»Richtig«, gab Türk gereizt zu.

Den Kripo-Schnösel beeindruckte das wenig. »Dann ist es nicht Ihr Ding. Tuns uns jetzt nicht behindern, ja?« Er gab dem Fahrer ein Zeichen. »Fahr zu, Franze.«

Wütend starrte Türk dem abfahrenden Wagen hinterher. Der zweite Wagen hatte sich ebenfalls in Bewegung gesetzt und hielt neben ihm.

Kommissar Reiter ließ die Scheibe herunter.

»Ich hätt's mir denken können«, stichelte er. »Wo ein Toter, da der Türk.«

Türk fuhr herum.

»Otti, du?«

»So ein Zufall aber auch, was?« Reiter grinste breit. »Und wie kommst du da her?«

»Privat. Ein alter Bekannter ist grad beerdigt worden.«

»Türk, wir waren lang genug Kollegen. Ich kenn dich. Privat, willst du mir weismachen?«

»Herrgottnochmal, Otti! Was hätt ich denn sonst da verloren?«

»Na gut, ich glaub's dir«, wiegelte Reiter mit einer behäbigen Handbewegung ab. »War das vielleicht die gleiche Beerdigung, bei der auch der Mann gewesen ist, den wir grad kassiert haben?«

Türk bestätigte es. Er beugte sich zu Reiter hinab.

»Warum habt's ihr den Mann verhaftet?«

»Du kennst den Lamm?«, fragte der Kommissar zurück.

»Nicht gut. Ist quasi ein Nachbar.«

Reiter sah ihn prüfend an.

»Zufall, hm?«

»Reiner Zufall«, versicherte Türk. »Hätt mich halt bloß interessiert, was er angestellt haben soll.«

»Na gut.« Reiter seufzte. »Der Mordfall Losswitz heut Nacht wird doch schon zu dir durchgedrungen sein, oder?«

»Hä?«

»Na, jetzt enttäuschst mich aber. Oder warst heut noch gar nicht im Dienst?«

Türk verneinte.

»Der Dings da, der Lamm – also der ist verdächtig, einen Bauunternehmer namens Losswitz gestern Nacht über den Jordan geschickt zu haben. ›Verdächtig‹ ist eigentlich falsch ausgedrückt, weil er nämlich praktisch schon so gut wie überführt ist. Und – Türk, du kennst mich von früher – bei so Aussagen bin ich normalerweise ziemlich vorsichtig.«

»Der Lamm soll jemanden umgebracht haben?«, stieß Türk hervor. »Du spinnst, Otti.«

Reiter lachte gemütlich. »Ich weiß ja, dass du der Überzeugung bist, dass die MK nichts mehr taugt, seit du nicht mehr dabei bist.« Gespielt bittend spitzte er den Mund. »Aber gönn uns doch auch mal einen Erfolg, Meister.«

»Depp«, versetzte Türk launig. Er richtete sich auf.

»Also dann?« Reiter hob grüßend die Hand: »Wir müssen rüber.« Er drückte das Gaspedal. Der Wagen ruckte einen halben Meter an, hielt aber noch einmal an. Reiter beugte sich aus dem Fenster und winkte Türk heran. Er lächelte nicht mehr.

»Und, Türk – Pfoten weg, ja?«

»Logisch«, versicherte Türk.

»Ich hab's ja nie so eng gesehen, wenn du ab und zu noch mitmischst, obwohl's nicht mehr dein Bier ist. Aber der Kollege Schranz mag dich so dermaßen gern, dass er dich am liebsten fressen könnt. Sei froh, dass er heut nicht dabei ist.«

»Wo ist er denn überhaupt? Ihr seid doch normalerweis ein Gespann?«

»Auf einem Lehrgang irgendwo bei Leipzig. Er erzählt den Ostlern, wie man ermittelt. Muss ein Riesenerfolg sein. Baut ihn richtig auf.«

»Baut's die drüben auch auf?«

»Bestimmt«, grinste Reiter. »Aber jetzt wieder im Ernst, Türk. Der Schranz hat dich noch immer im Visier. Warum, ist jedem klar – weil er auf dem Posten hockt, der eigentlich der deine gewesen wär. Was passiert ist, ist aber mal passiert. Halt dich also aus allem raus, was unsere Arbeit angeht, sonst springt er dir ins Kreuz. Wenn du darauf keine Lust hast, tät ich ihm keine Gelegenheit dazu geben. Hast mich verstanden?«

»Hältst mich für blöd?«, fragte Türk.

»Eigentlich nicht«, meinte Reiter trocken. »Aber hin und wieder kann man's nicht anders bezeichnen.«

KAPITEL 7

Obwohl sie gleichzeitig in der Inspektion eintrafen, war Dienstgruppenleiter Maierhofer bereits über alles auf dem Laufenden, was sich in der vergangenen Nacht zugetragen hatte. Seine Frau, mit überschäumendem Mitteilungsbedürfnis gesegnet und als Schreibkraft bei der Kripo im Stadtzentrum tätig, hatte ihn angerufen und ihn – unter Erinnerung an sein Versprechen, endlich die kaputte Glühbirne im Flur »und auch gleich die im Keller, wenn's die Hausverwaltung schon nicht zusammenbringt« auszuwechseln, die Waschmaschine auszuleeren und die Katzenstreu auszuwechseln, aber wehe, er schütte es wieder ins Klo – mit allen Neuigkeiten versorgt.

Maierhofer klappte seinen Spind zu.

»Losswitz?«, fragte er. »Du meinst den Bauunternehmer, der letzte Nacht in den Treppenschacht von einer seiner Baustellen gefallen ist? Ziemlich übler Typ übrigens. Andauernd irgendwelche Skandale, weil er seine Altmieter schikaniert hat.«

»Ein Unfall?« Türk bemühte sich um einen unbeteiligten Gesichtsausdruck. »Der Reiter hat mir aber was von Mord erzählt.«

»Ist auch einer. Von einem Unfall sind sie zwar erst einmal ausgegangen.« Maierhofer kostete seinen Wissensvorsprung genüsslich aus. »Aber dann ist ziemlich schnell klar geworden, dass da jemand nachgeholfen hat. Und wie's ausschaut, werden sie denjenigen schon bald am Krawattl gepackt haben.«

»Haben sie schon«, sagte Türk.

»Dann weißt du mehr wie ich. Woher eigentlich?«

Türk berichtete von der Beerdigung des alten Anetzberger und der Verhaftung Friedemann Lamms. Maierhofer nickte anerkennend.

»Die Burschen von der Kripo werden immer zackiger.« Maierhofer lachte. »Seit du nicht mehr dabei bist.«

»Aff.« Türk grinste verkniffen. »Aber sag: Von was für einem Motiv geht man aus? Warum soll dieser Lamm so was getan haben?«

»Du redest, als tätst ihn kennen?«

»Entfernt. Wie man sich eben im Viertel kennt.«

Maierhofer blieb an der Schwelle zum Funkraum stehen und grüßte Gensbacher, der in den Stunden vor ihm den Funk- und Telefonverkehr der Inspektion betreut hatte. Der Beamte schob seinen Stuhl zurück, stand auf und streckte sich.

»War viel los, Gensi?«

»So gern ich meinen Job hab«, sagte der Angesprochene gähnend, »so froh bin ich, wenn ich davon nichts mehr hören und sehen muss.«

Maierhofer drehte sich zu Türk und wies mit einer Kopfbewegung zu Gensbacher. »Der Gensi hat immer so was Leidenschaftliches, was?« Er beugte sich über das Tagebuch. »Und? Gibt's was, das ich wissen muss?«

Gensbacher verneinte. Maierhofer setzte sich auf den Stuhl. Er rümpfte die Nase.

»Schön angewärmt, so mag ich's. Hast bestimmt gestern Bohnen gegessen, hm?«

»Für Kollegen tu ich alles.« Gensbacher grinste und verabschiedete sich mit einer lässigen Handbewegung.

Maierhofer bemerkte, dass Türk noch immer am Türrahmen lehnte.

»Ach so – ja, also dieser Dings, also der Typ, den sie da am Kragen haben und den sie, wie du sagst, schon verhaftet haben, das muss so ein Achtundsechziger-Zottel sein. Er scheint irgendwas mit der Hausbesetzung neulich in der Altstadt zu tun zu haben.«

»Hausbesetzung? Hör mir auf. In dem Alter noch?«

»Ich sag bloß, was ich gehört hab. Wie alt ist er denn?«

»Mitte fünzig, schätze ich.«

»Das ist allerdings nicht mehr das Alter, in dem man Häuser besetzt«, musste Maierhofer zugeben. »Vielleicht hab ich mich auch verhört. Auf jeden Fall scheint's darum gegangen zu sein, dass sich dieser Losswitz ein Haus unter den Nagel gerissen hat, in dem der Mann gewohnt hat.«

In dem Lamm gewohnt hatte? Das Haus vom alten Anetzberger? Türk fragte ungläubig nach.

»Kann doch sein, oder?« Maierhofer streckte sich. »Ich glaub, ich brauch jetzt erst einmal einen Schluck Kaffee. Was ist mit dir?«

Er stand auf. Türk folgte ihm. Sie durchquerten den Flur.

»Bringst du da vielleicht was durcheinander?«, hakte Türk nach.

Sie grüßten Baier, der in den Sportteil der *Bild* vertieft war und den Gruß brummig zurückgab. Öttl, seinen Radi zur Spirale schnipselnd, nickte abwesend.

Maierhofer deutete verblüfft auf die Kaffeemaschine.

»Das darf doch nicht wahr sein. Die Kollegen haben uns tatsächlich was übrig gelassen?«

»Gelebte Solidarität«, meinte Öttl.

»Brav, Kollegen«, lobte Maierhofer. Er öffnete den Oberschrank, nahm zwei Tassen heraus und reichte eine davon Türk. »Und wieso soll ich was durcheinander gebracht haben?«

Türk goss sich ein.

»Weil da was nicht stimmen kann, Maierhofer. Weil das Haus, in dem der Verhaftete gewohnt hat, ganz bestimmt nicht dieser Bauunternehmer gekauft hat.«

»Ahja? Woher willst du das schon wieder wissen?«

»Weil's dem Alten gehört hat, auf dem seiner Beerdigung ich gewesen bin.«

Maierhofer nahm einen Schluck und machte eine Grimasse.

»Ja und? Was soll das miteinander zu tun haben?«

Türk goss sich Milch nach.

»Ganz einfach. Das Haus hat dem alten Anetzberger gehört.«

Maierhofer zog einen Stuhl heran und setzte sich.

»Anetz wer? Sagt mir gar nichts.«

Türk erklärte es ihm: »Der Gustl Anetzberger war der frühere Wirt vom *Bayerischen Brünnl*.«

»Das ist doch die Wirtschaft in Untergiesing, die jetzt so grausam aufgebretzelt ist – ja? Aber ich versteh immer noch nicht ganz, worauf du raus willst, Türk. Warum soll der Wirt sein Haus nicht verkauft haben?«

»Erstens ist der alte Anetzberger seit über einem Jahr viel zu krank gewesen, um sich noch irgendwelche Verkaufsverhandlungen anzutun. Zweitens, und das ist der eigentliche Grund, ist er einer von dieser fast ausgestorbenen Sorte von Hausbesitzern gewesen, denen es nicht egal war, was aus ihren Mietern wird.«

»Du willst damit sagen: Wenn er es trotzdem verkauft hat, dann garantiert keinem Geier wie diesem Losswitz?«

Türk nickte »Du sagst es.«

Öttl hob den Kopf und sah zu ihnen herüber.

»Von wem redet ihr? Vom Losswitz?«

»Kennst du ihn?«, wollte Türk wissen.

»Du vielleicht nicht?« Öttl stieß Baier an. »Und, Ali? Du?«

»Wer kennt den nicht«, brummte Baier. Sein Gesichtsausdruck zeigte unmissverständlich, was er von Losswitz hielt.

»Woher soll ich ihn kennen, Ali?«, wollte Türk wissen.

»In der Zeitung nennen sie ihn den ›Immobilien-Mogul‹.«

»Du liest die Gesellschaftsspalten?«, frozzelte Maierhofer.

»Unbedingt«, raunzte Baier zurück. »Und es baut mich immer wieder auf zu lesen, wie andere Leut es sich leisten können, ihr Geld zum Fenster hinauszuschmeißen.«

Öttl lachte. »Nur kein Neid, Ali.« Er drehte sich wieder zu Baier. »Aber es stimmt schon. Diesem Losswitz weint garantiert keiner nach. Schnappt sich die alten Häuser in der Stadt, haut die Mieter brutal raus, lässt beim Umbau grad noch die Außenmauern stehen, und ein halbes Jahr später kannst lesen: ›Schnuckeliges Appartement, hochwertig renoviert, in liebenswertem Altmünchner Stadtviertel, nur sechshundert Euro‹ – kalt, versteht sich.«

»Das ist der Lauf der Welt«, meinte Maierhofer achselzuckend. »Ist zum Kotzen, werden wir aber nicht ändern.«

»Klar.« Baier nickte gallig. »Die einen haben's Geld, und die anderen können schauen, wie sie sich das Leben in der Stadt herin grad noch leisten können.«

Maierhofer drehte sich grinsend zu Türk. »Der Ali wird uns noch zum Sozi, was?« Er stieß Baier an. »Kannst dich gleich mit dem Öttl zusammentun.«

»Unbedingt«, versetzte Baier verkniffen. »Bleibt's mir bloß vom Hals mit der Politik.«

Er wandte sich wieder seiner Zeitung zu. Leiser wiederholte er: »Bleibt's mir bloß vom Hals damit.«

»Den Täter haben sie schon gefasst, hab ich läuten hören?«, fragte Öttl.

»Einen, der verdächtig ist«, korrigierte Maierhofer.

»Mit anderen Worten: Geständnis gibt's noch keins. Oder?«

»Da fragst mich jetzt wieder zu viel«, sagte Maierhofer. »Auf jeden Fall scheint die Indizienlage ziemlich klar zu sein. Dieser Zottl und der Losswitz haben wohl Zoff miteinander gehabt. Sicher scheint auch zu sein, dass sie sich in der Tatnacht getroffen haben. Allein die Fingerabdrücke, die's en masse geben soll, werden ihm das Kreuz brechen.«

»Du meinst: Motiv ist klar, Indizien liegen auf der Hand?«

»Ich mein gar nichts, weil ich nicht bei der Kripo bin.« Maierhofer erhob sich und ging zur Spüle. »Aber ich tät sagen, ja.«

»Ziemlich unvorsichtig vom Täter, hm?«, gab Türk zu bedenken.

»Sind doch die meisten, oder?«, ließ sich Baier vernehmen.

»Schon«, räumte Türk ein. »Aber bei so einer Spurenlage käm doch auch Totschlag in Frage. Ich mein: Es muss doch nicht gleich Mord gewesen sein. Grad dass er so viele Spuren hinterlassen hat, könnt doch ein Hinweis darauf sein, dass er –«

»Ach was.« Maierhofer winkte matt ab. »Sag mal ehrlich. Wann hast du zuletzt einen Mörder getroffen, der was im Kopf hat? Einen Täter, wo du sagst: Hut ab? Guter Plan, raffinierte Ausführung, und drum nicht zu knacken?« Er schüttelte den Kopf. »Nein, es ist wie in den meisten Fällen. Der normale Mörder ist ein Depp.«

»An dir ist ein genialer Profiler verloren gegangen«, lästerte Türk.

»Er hat nicht Unrecht«, mischte sich Öttl wieder ein. »So ein Mörder ruiniert nicht bloß einen anderen Menschen, sondern auch sich selber. Kommt ein –«

»Aber bloß, wenn sie erwischt werden«, unterbrach Baier.

Öttl verneinte bestimmt. »Erstens werden sie das in den meisten Fällen, Ali. Das weißt du. Und zweitens: Aber auch wenn sie nicht erwischt werden, kommen die wenigsten Täter damit klar. Das Wissen darum, was sie angestellt haben, macht sie fertig. Ich frag euch: Kommt ein Mensch mit halbwegs Hirn im Schädel auf so einen Schmarren? – Nein, hast schon Recht, Maierhofer. Mörder sind Deppen.«

»Eben«, pflichtete ihm Maierhofer bei. »Außerdem ist Mord irgendwie gar nicht mehr modern. Wer auch nur halbwegs was auf dem Kasten hat, gründet eine GmbH, geht rüber nach Brandenburg oder sonstwohin, lässt sich subventionieren, zieht zwei Jahre lang Privatentnahmen aus dem Geschäft, dass es bloß so rauscht, und macht dann Konkurs. Oder mauschelt mit einer 0190er Nummer, oder –«

»– wird Manager von einer Bank«, ergänzte Öttl grimmig.

»Respekt«, meinte Baier. »Ganz schön kriminelle Energie, was ihr da habt.«

»Das ist normale Intelligenz«, widersprach Maierhofer.

»Wenn du schon so intelligent bist, wieso hängst du dann noch bei der Polizei rum?«

»Weil's bei mir zu einem guten Schwindler dann doch nicht ganz reicht«, lachte Maierhofer. »Meine Frau beweist es mir jeden Tag aufs Neue.«

Er machte einen Schritt zur Tür und griff zur Klinke. »Aber sag, Türk – warum fragst du eigentlich nach dieser Geschichte mit dem Losswitz? Sonst keine Sorgen?«

Türk hob die Schultern. »Bloß so.«

»Wer's glaubt, wird selig«, warf Baier ein.

»Hab doch gesagt, dass der, den sie vor meiner Nase verhaftet haben, in meiner Nachbarschaft wohnt.«

Der Dienstgruppenleiter grinste. »Jedenfalls – wenn du mehr wissen willst, dann frag einfach den Schwab, hm? Oder ruf direkt bei der Kripo an. Dein alter Kollege Schranz gibt dir bestimmt gern Auskunft.«

»Schlag ich auch vor«, pflichtete Baier boshaft bei.

»Wisst ihr, was ihr zwei mich manchmal könnt?«

»Ich komm drauf zurück.« Maierhofer lachte leise und verließ den Aufenthaltsraum. Baier sah auf die Uhr.

»Zeit zum Spazierenfahren«, sagte er. »Ich muss raus. Sonst werd ich noch trübsinnig. Was ist mir dir, Türk?«

KAPITEL 8

Nachdem sie auf der Truderinger Straße gemächlich nach Osten gerollt waren und dabei nicht viel anderes zu tun hatten, als einen Radler auf sein kaputtes Rücklicht hinzuweisen und einen Fußgänger zusammenzustauchen, der neben ihnen bei Rot die Straße überquert hatte, machten sie kehrt.

Baier war während der ganzen Fahrt ungewohnt einsilbig geblieben, obwohl er sich doch sonst keine Gelegenheit entgehen ließ, sich bei Türk nach dem Grund für dessen Degradierung von der Kripo zur Schutzpolizei zu erkundigen.

»Was drückt dich, Ali?«, fragte Türk schließlich.

»Was soll mich drücken?«, wich Baier mürrisch aus.

»Na, ich seh's doch.«

»Was siehst du?«

»Wie du schaust, Ali.«

»Nenn mich nicht dauernd Ali«, giftete Baier zurück. »Ich bin kein Kanak! Wie oft soll ich's noch sagen?«

»Na gut.« Türk seufzte. »Was drückt dich, Alfred?«

»Nichts.« Baier sah stur geradeaus. »Du hast deine Geheimnisse. Dann werd ich auch meine haben dürfen. Und einen Beichtvater brauch ich erst recht nicht, klar?«

»War nicht so gemeint. Ich wollt bloß –«

Baier schnaufte. »Ich hab's dick, wenn einer selbst auf Geheimnistuer macht, aber andere ausfragen will.«

Bremslichter leuchteten auf und näherten sich rasch. Baier knurrte wütend und stieg hart auf die Bremse. Die Männer kippten in die Lehnen zurück.

»Idiot«, murmelte Baier.

»Ich möcht dich nicht ausfragen«, sagte Türk. »Wenn du nichts sagen willst, lass es halt bleiben. Mir ist bloß aufgefallen, dass du seit ein paar Tagen anders bist als sonst.«

Baier fuhr wieder an.

»Ja, und?«

»Nichts ›und‹. Hab's verstanden. Ich geb schon Ruhe.«

Baier knurrte unwillig.

»Ist doch wahr, oder? Ich hab neugierige Kollegen dick. Wenn man was sagt, wird's einem hinterher eh bloß wieder aufs Brot geschmiert.«

»Ich bin nicht neugierig, Herrgottnochmal!«, platzte Türk heraus. »Du wirst entschuldigen, wenn ich wissen will, ob ich dir vielleicht helfen kann.«

»Aber selber nichts rauslassen, wenn ich dich frag, warum sie dich degradiert haben!«

Türk dreht sich mit einer heftigen Bewegung zu ihm.

»Damit du endlich, endlich Ruhe gibst: Ich hab ein Disziplinarverfahren gekriegt, weil ich bei einer Verhaftung von einem kleinen Schwindler ein paar Sekunden zu lang überlegt hab.«

»Aha?« Baier sah ihn zweifelnd an. »Und wegen so was wird man degradiert?«

»Der, um den's gegangen ist, hat deswegen abhauen können. Langt dir das?«

»Das war alles? Kann doch jedem passieren, so was.«

Türk nickte knapp. »Hab ich in der Verhandlung auch gesagt.«

»Red doch keinen Blödsinn!«, fuhr Baier auf. »Da muss doch noch was anderes gewesen sein!«

»Schau auf die Straß!«, sagte Türk.

Baiers Blick ruckte wieder in die Fahrtrichtung.

»Also? Was war's?«

»Nichts, Ali. Was soll gewesen sein?«

»Wenn du mir jetzt weismachen willst, dass du wegen so was vom Kripohauptmeister zum Polizeiobermeister runtergestuft worden bist, dann gibt's bloß zwei Möglichkeiten: Entweder bist du ein arrogantes Arschloch, weil du denkst, dass ich dir das abnehm – oder –«

»Vielleicht bin ich ein arrogantes Arschloch.«

»Das eh, Türk, das eh. Und was für eins. Trotzdem ist das nicht der Grund gewesen, warum sie dich geschasst haben.«

Türk gab auf. Er hatte sich zwar vorgenommen, sein Geheimnis für sich zu behalten, aber früher oder später würde es die Runde machen. Irgendwann würde irgendjemand aus seiner alten Abteilung den Mund nicht halten können, und dann würde die leidige Geschichte hinter seinem Rücken die Runde machen. Jeder würde sie anders verstehen, jeder selbst etwas hinzu dichten, und die Geschichte würde nicht gut ankommen. Er atmete gequält aus.

»Na gut, Ali. Aber – du hältst den Schnabel, klar?«

Baier versuchte, sich seine Überraschung nicht anmerken und seine Stimme gleichgültig klingen zu lassen.

»Leg schon los«, sagte er gnädig.

»Also – der, der entkommen ist, war… war jemand, bei dem man mir nicht abgenommen hat, dass ich ihn nicht kenn.«

»Kannst du eigentlich auch klare Sätze fabrizieren, Türk?«, nörgelte Baier. »Einen, wo nicht mindestens drei Nebensätze drin sind, und bei dem man über fünf Ecken nachdenken muss, um ihn zu kapieren?«

»Ich find ihn klar.«

»Hast ihn gekannt oder nicht?«

Türk seufzte. »Okay. Ja. Ich hab ihn gekannt. Von früher her.«

»Alles klar!«, folgerte Baier befriedigt. »Mit anderen Worten: Du hast ihn absichtlich abhauen lassen.«

»Das haben die im Disziplinarverfahren jedenfalls gemeint.«

»Verstehe«, sagte Baier anzüglich. »Hat aber natürlich hint und vorn nicht gestimmt, was?«

»Es stimmt, dass ich ein bissl zu lang gezögert hab.«

Baier sah ihn scheel an. »Blöd gelaufen, hm?«

»Kann man sagen. – Und jetzt bist du dran.«

»Ach!«

»Los!«, drängte Türk. »Meinst du, ich hab Lust, mir noch länger deine grantige Visage anschauen zu müssen?«

»Kannst mir eh dabei nicht helfen«, sagte Baier verdrossen.

»Mir will ich helfen, Ali! Mir allein! Mit einem Kollegen wie dir wird einer ja schwermütig.«

»Red nur dumm daher.«

»Lass mich raten. Was mit deiner Frau?«

»Wenn's das bloß wär.« Baier schüttelte bekümmert den Kopf. »Nein. Wenn's dumm läuft, dann geht's mir bald so wie dir. Und so wie's ausschaut, wird's dumm laufen.«

»Geh zu! Ein Disziplinarverfahren? Gegen dich? Wegen was?«

»Glaub mir, es ist… total übertrieben ist das, was die da aufführen. Ich bin stinksauer.«

»Wer?«, bohrte Türk nach. »Was wird übertrieben?«

»Den wenn ich erwisch, der mir das eingebrockt hat. Der kann was erleben.«

»Red endlich deutsch mit mir. Was ist passiert?«

Der Dienstgruppenleiter meldete sich und fragte nach ihrer Position. Türk gab sie ihm.

»Dann schwingt euch 'nüber in die Wasserburger-Land,

okay?« Maierhofer nannte eine Adresse in der Nähe der St. Veit-Straße. »Die Nachbarin sagt, dass in der Wohnung nebenan jemand massakriert wird.«

»Nicht schon wieder«, stöhnte Türk.

»Beeilt euch gefälligst«, mahnte der Dienstgruppenleiter. »Ist kein Witz. Ich hab den Radau durch's Telefon hören können.«

»Ausländer, oder was?«

»Nein, alte Kunden. Giftler, schwer auf der Nadel. Notarzt ist auch schon unterwegs.«

Türk bestätigte die Adresse. Er setzte das Blaulicht auf und drückte die Taste des Martinshorns. Baier gab Gas.

KAPITEL 9

Als Türk seine Wohnungstür aufsperrte, kam ihm Friedl bereits entgegen.

»Servus, Onkel Joseph«, grüßte er, verdächtig aufgeweckt.

Türk erwiderte den Gruß brummig. Er fühlte sich erschlagen. Er war noch immer aufgewühlt, es war ihm noch immer nicht ganz gelungen, das Bild, das er vor einigen Stunden in der St.-Veit-Straße vorgefunden hatte, aus seinem Kopf zu verdrängen. Der Mann, er war noch keine dreißig gewesen, hatte bereits in Todesangst gekrampft. Sein Kopf wälzte sich in einer Pfütze aus Erbrochenem. Der Rettungswagen hatte elend lange gebraucht. Auf die Frage, ob der Süchtige durchkommen würde, hatte der Notarzt die Stirn gerunzelt. So wie es aussehe, würde der Mann nicht mehr alt.

Auf der Rückfahrt hätten Türk und Baier beinahe einen blöde kichernden Kampf-Kiffer überfahren, der vor ihnen über die Straße schwebte, weltvergessen, die Nase im Nirwana. Sie kannten ihn, hatten ihn schon zweimal mit Gewalt aus dem Jugendzentrum zerren müssen, in das er sich trotz Hausverbots immer wieder hineinzuschmuggeln versuchte. Sie hatten ihn unsanft gefilzt und angeschnauzt. Das zahnlückige Grinsen war ihm schließlich aus dem Gesicht gefallen. Verschüchtert hatte er versprochen, sich ein für alle Mal zu bessern.

Türk hängte seine Jacke an den Flurhaken.

»Ich muss mit dir reden, Friedl«, sagte er.

»Ich auch, Onkel.«

Türk musterte ihn misstrauisch.

»Was gibt's? Was mit der Lehrstelle?«

Der Junge schüttelte hastig den Kopf. Er versuchte ein beruhigendes Lächeln.

»Das ist schon in Ordnung. Der Meister ist ganz okay. Auch wenn's mit dem Kollektiv, das sie im Namen stehen haben, nicht so weit her ist.«

Türk musste schmunzeln. »Das Kollektiv hat einen Chef, was?«

»Erfasst, Onkel.« Friedl lachte. »Der Chef vom Kollektiv hat noch dazu eine Freundin. Die hat nichts im Hirn, hat aber Betriebswirtschaft oder so was studiert und hält das ganze Kollektiv-Gerede für einen altmodischen Blödsinn. Außerdem lässt sie bei jeder Gelegenheit raushängen, dass es ihr Freund ist, der den größten Anteil an der Firma hält.«

»So ist das Leben, Friedl.« Türk schnupperte. »Sag mal – seit wann rauchst du eigentlich? Muss das sein?«

Der Junge lächelte verunglückt. »Ich doch nicht.«

»Red keinen Stiefel«, mahnte Türk streng. »Ich schmeck's doch!«

»Das ist von der…« Friedl schluckte nervös. Er trat einen Schritt zur Seite und wies in das Wohnzimmer. »Die Patty ist halt ein bissl nervös.«

Türk hob die Brauen. »Die wer?!«

»Meine Freundin, Onkel Joseph«, erklärte Friedl verlegen. »Und deswegen muss ich mit dir…« Er verbesserte sich: »…müssen wir mit dir reden.«

Er ging einen Schritt rückwärts und schob die Tür zum Wohnzimmer auf. Große, dunkle Augen in einem sehr blassen Gesicht richteten sich auf Türk.

Das Mädchen lächelte scheu. Sie öffnete den Mund zum Gruß. Doch dann gefror ihr Gesicht.

Türk schluckte.

»Das ist die Patty«, hörte er von irgendwoher.

Igelfrisur, pechschwarzes Haar, darin eine rote Strähne – das konnte doch nicht –?

»Sie…?«, stammelte das Mädchen.

Türk fiel nichts Besseres ein: »Du… Du… bist ein Mädel?«

»Ist sie«, bestätigte Friedl verdutzt. »Was fragst du denn so komisch, Onkel? Was hast denn du dir gedacht?«

Türk fasste sich wieder. Er räusperte sich.

»Also, du bist…?« Er sah zwischen den beiden Jugendlichen hin und her. »Ihr zwei seid zusammen?«

Friedl warf ihr einen innigen Blick zu, holte ihr Nicken ein und gab es an Türk weiter. Der holte tief Luft.

»Aber die hat doch früher rote Haare –«

Er biss sich auf die Lippen.

Patty half ihm aus der Verlegenheit. »Hab's jetzt anders. Nachdem jeder Idiot sich besonders originell vorgekommen ist und mich Pumuckl genannt hat.«

»Soso«, sagte Türk. Er fasste sich: »Dann… dann nennt man das wohl einen Zufall, oder?«

»Ja.« Sie erwiderte sein Lächeln, gab ihm die Hand und nannte ihren Namen. »Und… danke noch mal.«

Türk wehrte den Dank ab, als wäre er ihm unangenehm. Friedl verstand gar nichts mehr. Patty klärte ihn mit wenigen Worten auf. Friedl riss den Mund auf.

»Onkel – du bist das gewesen, der sie… der ihr…« Er stotterte, »…ge-geholfen hat?!«

Türk zuckte die Schultern.

»Jaa!«, sagte er gedehnt. »Und jetzt fang dich endlich wieder ein. – Hast du eingekauft, wie wir's ausgemacht haben?«

Friedl nickte aufgeregt. »Aber erst müssen wir… also die Patty und ich…«

»Kann das nicht bis nach dem Essen warten?«

»Sie muss –«

»Ich muss unbedingt noch zu meiner Mama«, übernahm Patty.

Türk sah ihr forschend ins Gesicht. Sie erwiderte ernst seinen Blick. Er seufzte.

»Na gut. Dann raus damit. Um was geht's?«

»Gleich«, sagte Friedl. »Aber du, Onkel – du zeigst sie nicht an, oder?«

Türk sah ihn erstaunt an. »Wen?«

»Na, die Patty!«, rief Friedl hitzig. »Wegen der Sache neulich! Wegen der Hausbesetzung!«

Türk spielte den Ahnungslosen. »Wen meinst du denn?«

Patty stieß Friedl an. Endlich verstand er. Er atmete erleichtert aus und grinste frech.

»Alzheimer, oder?«

»Ich geb dir gleich einen, du Rotzlöffel«, gab Türk schmunzelnd zurück. Er winkte den beiden und ging in die Küche voraus.

»Super, Onkel«, sagte Friedl. »Echt super.«

Türk sah die beiden streng an: »Aber ich kann mich bloß dann nicht an sie erinnern, wenn sie mir verspricht, nicht noch einmal so einen Blödsinn zu machen.«

»Aber das war kein Blödsinn, Herr Türk«, widersprach Patty.

»Ach ja? Hausbesetzung ist strafbar, das dürfte dir doch bekannt sein, oder?«

»Sonst hört uns doch keiner zu!«, beharrte das Mädchen. »Alles haben wir probiert. Zeitung, Bezirksausschuss, alles. Jeder hat uns über den Kopf gestreichelt und gesagt, wie super er das findet, dass wir so engagiert sind, und –«, sie verzog das Gesicht, »– blaa-blaa-blaa…«

»Ich sag ja nicht, dass ich es nicht versteh«, versetzte Türk ungehalten. »Aber lasst euch endlich mal was anderes einfallen. Märtyrer zu spielen und sich die Zukunft zu versauen, kann's doch auch nicht sein, oder?«

Er wies mit einer Kopfbewegung zum Küchentisch.

»Und jetzt hockt euch hin. Was gibt's so Wichtiges?« Er sah Friedl an. »Was wollt ihr mit mir besprechen?«

Die beiden jungen Leute zogen sich Stühle heran und setzten sich. Patty griff in die Innentasche ihres Blousons. Türk runzelte die Stirn.

»Stopp. Kippen weg, okay? Meine Wohnung wird mir nicht verstunken.«

Sie gehorchte anstandslos.

»Und jetzt endlich raus damit, ihr zwei. Ich hab Hunger.«

»Du musst der Patty helfen, Onkel Joseph!«, stieß Friedl hervor.

»Sie kann doch deutsch, oder? Vielleicht kann sie's mir selber sagen?« Er nickte ihr aufmunternd zu.

Ihre Brust hob sich. Sie wollte gerade ihren Mund öffnen, als ihr Handy klingelte. Sie griff in ihre Jackentasche.

»Und Handy aus!«, sagte Türk scharf. »Sonst krieg ich noch einen Anfall.«

Sie gehorchte. »Okay…«, murmelte sie kleinlaut.

»Ich höre?«

Wieder sah sie Hilfe suchend zu Friedl. Dann holte sie Luft.

»Herr Türk, haben Sie zufällig von diesem Mord an einem Bauunternehmer gehört?«

»Du meinst den Losswitz-Fall? Was ist damit?«

»Dieser Losswitz war auch derjenige, gegen den wir neulich demonstriert haben.« Türk hielt kurz den Atem an. Sie deutete seine verdutzte Miene falsch. »Sie wissen schon, wo Sie mir geholfen haben.«

»Jaja… klar.« Er stellte fest, dass sich seine Stimme ein

wenig heiser anhörte. Ein Schauder rieselte über seinen Rücken. Bahnte sich vielleicht hier schon wieder etwas an, das ihn in Schwierigkeiten bringen würde? Er räusperte sich. »Und weiter? – Oder, nein: Sag mir erst einmal, wer ›wir‹ ist. Eine Bürgerinitiative? Ein Verein? Eine Partei oder sowas?«

»Nein. Wir sind bloß ein paar Freunde und kennen uns von der Berufschule. Wir haben mit Antifa-Aktionen angefangen.«

»Anti-was?«

»Onkel!«, fiel Friedl ein. »Weißt du doch. Antifaschistisch heißt das.«

»Schon klar, du Klugscheißer«, sagte Türk ärgerlich. »Ich wollt eigentlich bloß wissen, was das mit einer Hausbesetzung zu tun haben soll.«

»Erstens haben wir im Hinterhaus unsere Aktionszentrale gehabt, und zweitens regt uns einfach auf, was wohnungsmäßig in letzter Zeit in München abgeht. Da jammert zwar jeder drüber, aber keiner bringt den Arsch hoch und tut was dagegen.«

Friedl hatte seiner Freundin bewundernd zugehört. Er nickte bestätigend.

»Hat sie doch Recht, Onkel Joseph, oder?«

»Was erwartest du, dass ich dir drauf antwort?«, brummte Türk. »Dir ist schon klar, was für einen Job ich hab?«

»Der Friedl hat gesagt, dass Sie nicht so wie die meisten Bullen sind«, meinte Patty.

»Erstens einmal mag ich das Wort ›Bullen‹ nicht übermäßig, und zweitens ist bei der Polizei jeder anders«, entgegnete Türk überzeugt. »Und jetzt möchte ich endlich wissen, worauf du hinauswillst. Hast du vielleicht Angst, dass euch die Sache mit dem Mord angehängt werden soll? Ich darf's zwar nicht sagen, und ich dreh euch den Hals eigenhändig um, wenn ihr das weitererzählt: Aber da kann ich dich beruhigen.

Was diesen Mord betrifft, interessiert sich die Kripo nicht für euren Verein. Und es gibt auch schon eine Festnahme. Der Mann hat kein Alibi, dafür offensichtlich ein Motiv. Außerdem soll er jede Menge Spuren am Tatort hinterlassen haben. Zufrieden?«

Das Mädchen war noch blasser geworden. Ihr Kinn zuckte.

»Sag's schon, Patty«, flüsterte Friedl.

Türk hob fragend die Brauen.

»Sag's«, drängte der Junge. Er stieß ihr leicht mit dem Ellenbogen in die Seite. Sie wehrte es unwillig ab. Dann hob sie den Kopf und sah Türk an.

»Es ist mein Papa,« sagte sie leise.

Türk schnappte unwillkürlich nach Luft.

»Aber er ist unschuldig«, fuhr das Mädchen fort. »Papa würd so was nie tun. Nie.«

Türk hustete sich einen Kloß aus dem Hals.

»Der Herr Lamm… das ist dein… Papa?«, wiederholte er rau.

»Hat sie doch gesagt!« Friedl ließ seine Freundin nicht aus den Augen. Er war besorgt.

»Du hältst den Schnabel«, fauchte ihn Türk an.

»Du musst ihr helfen, Onkel Joseph!«, flehte Friedl.

»Ich kann das nicht, und ich tu das nicht!«, fuhr Türk auf. »Ich bin nicht bei der Kripo, wie oft soll ich dir das noch sagen! Hundertmal hab ich's dir schon gesagt!«

»Aber, Onkel…«

»Denk gefälligst einmal nach, was das heißt! Ich komm in Teufels Küche, wenn ich mich in die Arbeit der Mordkommission einmisch! Denk doch einmal ein bissl nach! Und damit Ende der Diskussion!«

Friedl ließ den Kopf hängen.Türks Blick wanderte über das Gesicht des Mädchens. Sie hielt den Kopf gesenkt. Es war Türk, als sei ihr Gesicht noch blasser geworden.

»Patty?«, sagte er nach einer Weile.

Sie sah ihn fragend an und schniefte leise.

Er grinste schief: »Spendierst du mir eine?«

Aus den Augenwinkeln konnte er erkennen, wie sich auf dem Gesicht seines Neffen ein Strahlen ausbreitete.

KAPITEL 10

Patty hatte sich doch noch dazu überreden lassen, zum Essen zu bleiben. Während sie rasch zubereitete Spaghetti in sich hineinschlangen, wiederholte Türk immer wieder, dass er überhaupt nichts versprechen könne.

»Schon klar, Onkel Joseph, schon klar«, hatte ihn Friedl ebenso regelmäßig beruhigt.

Nachdem sie eine Weile geschwiegen hatten, erkundigte sich Türk: »Einen Anwalt hat dein Papa aber schon, oder?!«

»Logisch hat er einen«, wiegelte Friedl ab.

»Einen guten, meine ich!«

»Logisch, Onkel! Jetzt reg dich nicht auf.«

Türk sah Patty an. »Kenn ich ihn?«

Friedl kam ihrer Anwort zuvor. »Wie heißt der, den ihr angerufen habt, Patty?«

»Ist ein alter Freund vom Papa«, antwortete sie. »Ein Herr Demmer.«

»Der?« Türk riss sich zusammen, um nicht laut aufzustöhnen. Er kannte Wilfried Demmer. Demmer war so etwas wie ein linker Armenanwalt, redlich bis auf die Knochen, engagiert bis zur Erschöpfung, doch selten erfolgreich. Waren ihm einige Richter gewogen, so bleckten die Burschenschaftler-Seilschaften des Justizzentrums grinsend die Zähne, wenn sein klappernder Lada gesichtet wurde.

Türk fühlte plötzlichen Ärger in sich aufsteigen. Er wollte das Thema nicht mehr ansprechen. Während sie aßen, philosophierten sie noch eine Weile über die Kleinheit der Welt und die verrückten Zufälle, die sie so plötzlich miteinander verbunden hatten. Patty dozierte – etwas altklug, wie Türk fand – über die Vernetzung der Menschheit. Sie habe irgendwo gelesen, mit höchstens acht oder zehn »Links« gelänge es jedem Menschen auf der Erde, mit einem anderen in Verbindung zu treten. Egal, ob es sich dabei um den amerikanischen Präsidenten, Leonardo DiCaprio oder Saddam Hussein handele. Türk bezweifelte das. Ein Zufall sei nun mal ein Zufall, meinte er, sonst hieße er nicht so. Allerdings gäbe es für ihn zwei Arten von Zufällen: Die wirklichen, und die, in denen sich Leute über den Weg laufen, die auf irgendeine Weise miteinander zu tun haben.

»Wie Täter und Opfer?«, erinnerte sich Friedl.

»Zum Beispiel«, bestätigte Türk.

Und schon war das Gespräch wieder zu dem Thema zurückgekehrt, das jedem am Tisch unablässig im Kopf kreiste.

»Du bist also auch davon überzeugt, dass dein Papa zur Tatzeit am Tatort gewesen ist?«, wollte Türk von Patty wissen.

»Wenn er es selber zugibt und man außerdem seine Fingerabdrücke dort gefunden hat, muss es wohl so gewesen sein, oder?«

»Normalerweise schon«, räumte Türk ein. »Aber ich muss von dir wissen, ob du das bestätigen kannst. Wenn ja, dann braucht keiner mehr einen Gedanken dran zu verschwenden, ob die Fingerabdrücke als Indiz ausreichen. Sie beweisen nämlich bloß, dass jemand da war. Aber nicht unbedingt, wann.«

»Versteh schon«, sagte Patty. »Aber ich weiß bloß, dass er sich am Abend mit jemandem treffen wollte. Wir haben so gegen sechs miteinander telefoniert. Ich hab ihn nach einem Buch gefragt, das ich für unsere Gruppe gebraucht hab. Er hat mich auf den nächsten Tag vertröstet, weil er für heut Abend eine wichtige Besprechung hätte, bei der es angeblich um die Zukunft von seinem Laden gegangen sein soll. Im Nachhinein kommt's mir vor, als wär er ein bisschen aufgekratzt gewesen.«

»Wie – aufgekratzt? Im Sinn von gut aufgelegt? Oder eher sauer?«

»Gut aufgelegt. Irgendwie hoffnungsvoll. So, als würd sich bald irgendwas zum Guten mit seinem Laden verändern. Was mich aber gewundert hat, weil Papa eigentlich ganz zufrieden damit war, wie es bisher gelaufen ist. Von großen Plänen hab ich jedenfalls nichts mitgekriegt. Außerdem ist er mir in den Tagen zuvor eher etwas – wie soll ich sagen – niedergeschlagen vorgekommen.«

»Weißt du, warum?«

Das Mädchen zuckte die Schultern.

»Weil der alte Herr Anetzberger gestorben ist, nehm ich an. Papa hat ihn gern gehabt. Ich übrigens auch. Das war ein lieber Mann.« Pattys Blick wurde weich. Leise fügte sie hinzu: »Er war wie… wie so ein Opa.«

»Hast du eine Ahnung, wann dein Papa an diesem Abend wieder heimgekommen ist?«

»Nee. Ich wohn ja nicht bei ihm.«

»Wieso eigentlich?«, hakte Türk nach.

»Ich hab noch nie bei ihm gewohnt, sondern bei meiner Mama, in der Nähe von Ebersberg. Mit sechzehn bin ich weg. Papas Wohnung war erstens zu klein, und zweitens wollt ich mir keine Vorschriften mehr machen lassen.«

»Verstehe.« Türk betrachtete sie nachdenklich. »Dann bloß noch die Frage: Wie kommt dein Papa dazu, sich mit einem wie diesem Losswitz zu treffen? Der eine ist ein schwerreicher, noch dazu ziemlich berüchtigter Bauunternehmer, der andere in jeder Beziehung das Gegenteil. Nämlich, soweit ich ihn kennen gelernt hab, ein idealistischer Büchermensch, der mit seinem Laden mit Müh und Not über die Runden kommt.«

»Find ich auch ziemlich komisch«, warf Friedl mampfend ein.

»Keine Ahnung, Herr Türk«, sagte Patty.

»Und du hast auch nie etwas davon läuten gehört, dass das Haus an den Losswitz verkauft worden ist?«

Sie verneinte heftig. »An den Losswitz verkauft? An so einen Gangster? Nie! Der Herr Anetzberger hätte das nie gemacht.«

»Aber trotzdem, sagst du, soll es um die Zukunft von dem Laden gegangen sein.«

»Ich versteh's ja auch nicht, Herr Türk«, sagte das Mädchen unglücklich. »Aber jetzt fällt mir noch was ein: Papa hat mir einmal erzählt, dass der Herr Anetzberger in seinem Testament festgelegt hat, dass nach seinem Tod keinem der jetzigen Mieter gekündigt werden darf. Ich mein, da kann doch nichts mehr schief gehen, oder? Nicht einmal, wenn der Losswitz der Käufer wär, oder?«

Türk wiegte den Kopf.

»Normalerweise nicht. Wobei es wahrscheinlich für einen Typen wie Losswitz immer noch Tricks gibt, das zu unterlaufen. Aber ich bin mir ebenfalls sicher, dass Losswitz das Haus nicht vom Anetzberger gekauft hat. So verwirrt kann der gar nicht gewesen sein. Auch sein Erbe, der Bebbe, kann es noch nicht verkauft haben. So schnell arbeitet kein Nachlassgericht. Daraus folgt –«

Pattys Augen blitzten, »– dass Losswitz nicht der neue Besitzer gewesen sein kann.«

»Richtig!« Türk nickte anerkennend. »Woraus weiters folgt, dass es gar nichts zu verhandeln gegeben hat, soweit es das Haus und die Zukunft des Ladens betrifft. Wisst ihr, was das vor allem heißt?«

Die beiden Jugendlichen sahen ihn aufmerksam an.

»Es heißt, dass es das Motiv, von dem die Kripo ausgeht – nämlich, dass Losswitz deinen Papa aus dem Laden schmeißen wollte –, wahrscheinlich gar nicht gibt.«

»Stimmt!« Friedls Gesicht glänzte. »Onkel Joseph, du bist ein Hund!« Er zog Patty selig an sich. »Was meinst du jetzt, hm? Ich hab's dir gesagt!«

Sie sah ihn nicht an.

»Schon«, gab sie leise zu. »Aber es heißt nicht, dass es kein anderes Motiv gibt.«

Türk kniff die Lippen zusammen. Er musste sich räuspern. »Da hast du allerdings Recht.«

Friedl sah ratlos zwischen den beiden hin und her.

»Und? Hast du eine Ahnung, was –?«

Das Mädchen schüttelte niedergeschlagen den Kopf. »Nee, Friedl. Ich weiß nichts. Das Einzige, was ich weiß, ist, dass Papa es nicht gewesen ist. Er ist kein Mörder.«

Sie sah auf die Uhr, erhob sich und griff nach ihrer Jacke. Friedl sprang ebenfalls auf.

Wenig später hörte Türk, wie die Wohnungstür ins Schloss fiel. Die Schritte der beiden Jugendlichen verloren sich im Treppenhaus. Er ging zum Kühlschrank, nahm sich eine zweite Flasche Bier, öffnete sie und nahm einen tiefen Schluck.

Nach drei Schichten in Folge hatte er jetzt wieder eineinhalb Tage frei. Der Dienst in den vergangenen Tagen war nicht aufregender als sonst gewesen, hatte aber dennoch an ihm gezehrt. Der Allerjüngste war er nicht mehr. Er sollte sich ausschlafen und erholen. Er nahm es sich fest vor.

Als er die Flasche absetzte, stellte er fest, dass es sehr still war. Auf was warte ich, fragte er sich. Auf was?

KAPITEL 11

Seine Tochter hat mich informiert. Ich denke, es geht in Ordnung, wenn ich mit Ihnen spreche.«

Rechtsanwalt Demmer schloss die Türe hinter Türk und zeigte auf einen Stuhl.

»Nehmen Sie bitte Platz. Ich habe nicht übermäßig viel Zeit, und ich bin mir auch nicht sicher, ob das Gespräch zwischen uns beiden viel bringt.«

Der rundliche Anwalt war einen Kopf kleiner als Türk. Hörbar schnaufend, mit kleinen, wippenden Schritten umkurvte er den Schreibtisch und pflanzte sich auf den schäbigen Ledersessel. Er neigte sich vor, ruckelte an seinem ältlichen Brillengestell und fixierte Türk müde. Mit näselnder Stimme fragte er: »Zunächst aber möchte ich von Ihnen etwas wissen. Patricia Lamm – Patty – hat mir angedeutet, dass Sie zwar bei der Polizei sind, Ihr Besuch aber gewissermaßen privat ist. Wie darf ich das verstehen?«

»Ich bin Schutzpolizist, kein Kripo-Beamter.«

»Sie sind nicht zuständig«, folgerte der Anwalt.

»Richtig.«

Demmer schnaubte leise. Ohne Türk aus den Augen zu lassen, konstatierte er: »Aber Sie mischen trotzdem mit, weil Sie Herrn Lamm persönlich verbunden sind.«

Türk nickte wieder.

»Und man sähe es bei der Kripo mit, sagen wir, eher gemischten Gefühlen, wenn das bekannt werden würde, nicht wahr?«

»Mit ziemlich gemischten,« bekannte Türk.

Ein kleines Lächeln kräuselte den Mund des Anwalts. Er ließ sich in die Lehne zurückfallen. Das Gestänge ächzte.

»Okay«, sagte er. »Ich weiß Bescheid. Jetzt gibt es nur noch eines, was mich interessieren würde. Bei aller persönlichen Verbundenheit mit der Familie Lamm werden Sie Ihre Zeit nicht mit einer Angelegenheit vergeuden wollen, die aussichtslos ist.«

»Allerdings.«

»Wenn Sie es trotzdem tun, dann deshalb, weil Sie fest von der Unschuld von Friedemann – Pardon, aber er und ich kennen uns persönlich – überzeugt sind. Nicht wahr?«

»Das bin ich nicht«, sagte Türk.

Demmer lockerte mit einer fahrigen Bewegung seinen Kragen, ohne sein Gegenüber aus den Augen zu lassen.

»So?«, näselte er.

»Ich will nur ganz sicher gehen, dass er wirklich der Täter ist«, erklärte Türk. »Und wenn er Losswitz umgebracht hat, will ich wissen, warum er es getan hat.«

Hatte Türk zuvor den Eindruck gehabt, zwischen ihnen könnte eine Art kollegialer Verschworenheit entstehen, so gab sich der Anwalt jetzt wieder reserviert.

»Das ist zunächst einmal schade. Ich hatte mir von Ihrem Besuch versprochen, dass Sie mir meine eigenen Zweifel nehmen.«

»Haben Sie die?«

Der Anwalt grunzte leise, nahm sein Gesicht in seine Hände und massierte sich die Wangen. Er schob seine Brille auf die Nase zurück. Schließlich ließ er sich zu einer Antwort herab: »Sagen wir, bei mir gibt es eine gewisse Kluft zwischen Gefühl und Verstand. Die Verdachtsmomente sind derart gravierend, dass ich bei der Staatsanwaltschaft nur ein müdes Lächeln geerntet habe, als ich Friedemann vorläufig freibekommen wollte. Er hat, und das streitet er ja auch gar nicht ab, zuvor mit Losswitz' Büro telefoniert und ist für diesen Abend zu einem Gespräch eingeladen worden. Genauso wenig streitet er ab, Losswitz angetroffen zu haben. Allerdings besteht er darauf, dass er ihn nicht getötet hat.«

»Sondern? Hat er nur ein Bier mit ihm getrunken?«

Demmer war nicht nach einem Scherz zumute.

»Das nun wieder auch nicht. Das Gespräch, und auch das gibt er zu, sei sehr schnell in Streit ausgeartet und nach höchstens zehn Minuten beendet gewesen. Woraufhin er das Baustellenbüro wieder verlassen habe.«

»Na, das wäre doch theoretisch möglich, oder?«, gab Türk zu bedenken.

Der Anwalt nickte resigniert. »Exakt das waren auch meine Worte beim Haftrichter. Wie Sie aber bemerkt haben werden, habe ich damit nicht überzeugen können. Die Kripo glaubt nämlich Beweise dafür zu haben, dass Friedemann ein Motiv gehabt hat, Losswitz zu ermorden.«

»Moment«, sagte Türk. »Wieso gleich Mord? Warum nicht Totschlag? Vorsatz kann doch nicht im Spiel gewesen sein. Herr Lamm muss doch mitgekriegt haben, dass man im Büro von Losswitz über diese Verabredung Bescheid gewusst hat! Und ihn, wenn der Tote gefunden wird, als Ersten im Visier hat.«

Der Anwalt winkte mit einer welken Bewegung ab.

»Totschlag? Vergessen Sie es. Losswitz ist betäubt worden, bevor er in den sieben Meter tiefen Treppenschacht gestoßen wurde. Ich muss Ihnen doch nicht erklären, dass das Vorsatz bedeutet, und dass damit Totschlag nicht mehr in Betracht kommt?«

Türk sah es ein. »Von welchem Motiv geht man überhaupt aus?«

Demmer verzog den Mund zu einem bitteren Lächeln. »Es ist wiederum eines, das der gute Lamm der Kripo bei der ersten Vernehmung selbst auf die Nase gebunden hat. Er sagt, er habe sich mit Losswitz verabredet, weil dieser angeblich geplant habe, das Haus abzureißen, in dem er seit vielen Jahren wohnt und arbeitet.«

»Das ist Quatsch!«, fuhr Türk auf. »Losswitz ist nicht der Besitzer.«

»Friedemann beharrt aber darauf, dass es diesen Plan gab«, entgegnete der Anwalt. Er richtete sich im Sessel auf. »Und von den zweifelhaften Methoden des Herrn Losswitz werden Sie ja schon gehört haben.«

»Darum geht es nicht. Der alte Besitzer ist erst vor ein paar Tagen gestorben. Klar wie nur irgendwas ist, dass er es nicht zu Lebzeiten verkauft hat, und schon gar nicht an jemanden wie Losswitz.«

Demmer betrachtete sein Gegenüber nachdenklich. Er griff sich einen Kugelschreiber, fingerte daran herum und legte ihn wieder beiseite.

»Dann erklären Sie mir, wieso Lamm sich so darauf versteift? Obwohl er den Ermittlern damit ein Motiv präsentiert, wie es sich die Kripo nicht schöner wünschen kann? Lamm gibt sogar zu, außer sich gewesen zu sein, als er von diesem Geschäft erfahren hat. Sein Laden geht eher schlecht als recht, und Rücklagen, um sich anderswo eine neue Existenz aufzubauen, hat er nicht.«

»Das lässt vermuten, dass er versucht hat, Losswitz umzustimmen.«

Demmer nickte. »So zumindest seine Aussage. Losswitz habe ihn, ich sagte es bereits, auf seinen Anruf hin zu einem Gespräch eingeladen. Außerhalb der Bürozeit. Die Kripo scheint davon auszugehen, dass dieses Treffen mit einem Streit und anschließendem Mord endete.«

»Klingt logisch.«

»Tja«. Demmer legte seine Hände übereinander. »Danach klingt es nicht nur, mein lieber Herr Türk. Es ist vielmehr die einzig logische Erklärung.« Er holte mit leisem Rasseln Luft. »Und genau das ist es, was mir Sorgen bereitet.«

Der Anwalt wurde von einem leichten Husten geschüttelt. Er räusperte sich und rückte seine Brille wieder zurecht. Er hob bedauernd die Hände.

»Nun… dann –?«

Was wollen Sie noch hier, sollte es heißen.

Türk sah an ihm vorbei.

»Es ist logisch…«, setzte er zögernd an. »So logisch, dass…. dass es mir schon wieder faul vorkommt.«

»Ihr Instinkt in Ehren, Herr Türk. Die Frage ist nur, erstens, was ist daran faul? Und zweitens: Was nützt es uns, wenn wir es benennen können? Dass sämtliche Umstände gegen Lamm sprechen, ist damit noch lange nicht aus dem Weg geräumt. Aber ich muss gestehen, dass Sie mich überraschen. Sie zweifeln also doch daran, dass Friedemann Lamm ein Mörder ist? Vorhin hörte sich das doch noch anders an? Habe ich mich verhört, oder –«, Demmer verzog den Mund, »– neigen Sie zu Widersprüchen?«

»Es gibt da einen Punkt, der mich nachdenklich macht.«

»Und der wäre?«

Türk stand auf und ging hin und her.

»Es erscheint mir verdammt unwahrscheinlich, dass sich jemand wie dieser Losswitz mit einem kleinen Mieter trifft, der ihn offensichtlich davon abbringen will, ein Haus abzureißen und neu zu bauen. Was mich ebenfalls wundert ist, dass er ihn außerhalb seiner Bürozeit empfängt. Ich frage mich also, wie es eine alles andere als wohlhabende und – von der Warte eines Großunternehmers aus gesehen – völlig bedeutungslose Existenz schafft, von einem der einflussreichsten Geschäftsleute der Stadt empfangen zu werden. Haben Sie eine Erklärung dafür?«

Der Anwalt hatte aufmerksam zugehört. Er schüttelte den Kopf.

»Ich habe keine. Andererseits hat mir Friedemann Lamm noch nie Anlass gegeben, seinen Aussagen gegenüber misstrauisch zu sein. Ich habe also davon auszugehen, dass es stimmt, was er sagt. Darüber hinaus bestätigt wohl auch Losswitz' Sekretärin, dass sie Lamm auf Anweisung ihres Chefs angerufen und ihn zu diesem Treffen bestellt hat.«

Türk stützte seine Arme auf den Tisch. »Dann verstehe ich nur eines nicht: Wenn Abriss und Umbau angeblich schon spruchreif waren, dann müsste Losswitz bereits Besitzer –«

»Eigentümer«, korrigierte der Anwalt.

»– Eigentümer gewesen sein. Der alte Eigentümer ist aber erst zwei Tage vor dem Mord gestorben.«

»Vielleicht hat er doch schon vorher verkauft? Er muss es seinen Mietern ja nicht auf die Nase binden, oder?«

»Nein!« Türk schüttelte nachdrücklich den Kopf. »Sie haben den Gustl Anetzberger nicht gekannt. Der hätte das nie gemacht! Nie! Er soll seinen Mietern sogar versichert haben, dass er in seinem Testament Vorkehrungen zu ihrem Schutz getroffen hat.«

»Schön und gut, Herr Türk. Ein cleverer Erbe findet aber bestimmt Mittel und Wege, sich da rauszuwinden«, wandte der Anwalt ein.

Türk setzte sich wieder.

»Aber doch erst, nachdem er geerbt hat!«

»Selbstverständlich«, pflichtete Demmer bei. »Vermutlich hat noch nicht einmal die Testamentseröffnung stattgefunden. Worauf wollen Sie eigentlich hinaus?«

Türk beugte sich zu Demmer. »Worauf wohl? Dass Friedemann Lamm vorgibt versucht zu haben, einen stadtbekannten

Immobilien-Hai zur Aufgabe seiner Pläne zu bewegen, obwohl es zum Zeitpunkt des Mordes noch keine entsprechenden Pläne gegeben haben kann. Das ist es, was an der Geschichte stinkt.«

»Gemach, gemach, mein lieber Herr Türk«, wiegelte der Anwalt ab. »Vielleicht gab es vorvertragliche Absprachen?«

»Glauben Sie mir, Herr Demmer – garantiert nicht mit dem alten Anetzberger! Und auch wenn – wieso sollte Losswitz sich mit Lamm über ungelegte Eier unterhalten wollen?«

Demmer nahm seine Brille ab und massierte seine Nasenwurzel.

»Wir drehen uns im Kreis, lieber Herr Türk. Ich muss nun einmal davon ausgehen, dass richtig ist, was mir Lamm sagt.«

»Vielleicht sagt er nicht alles. Vielleicht hat das Treffen einen anderen Grund gehabt?«

»Quatsch«, versetzte der Anwalt ungeduldig. »Dann würde Lamm lügen. Das traue ich ihm, wie gesagt, nicht zu, und es wäre sehr dumm von ihm. Ich aber kenne ihn als – wenn man seinen nicht sehr ausgeprägten Geschäftssinn einmal außer Acht lässt – sehr intelligenten Zeitgenossen.«

Türk zog seine Arme zurück und kippte in die Lehne. Demmer zog ein Taschentuch aus seiner Jackentasche und betupfte sich die Mundwinkel.

»Woran denken Sie?«, wollte er wissen.

»Ich hab gerade überlegt, wer noch ein Motiv haben könnte.«

»Tja. Der Ansatz ist schon einmal nicht falsch«, lobte der Anwalt mokant. »Und wen können wir dabei ins Auge fassen?«

»Na, diesen Schreiner im Hinterhaus zum Beispiel.«

»Und die alte Frau Mühlbauer vielleicht auch noch?«, spottete Demmer. Er wurde wieder ernst: »Ich fürchte, dass Sie auf dem Holzweg sind, Herr Türk. Überlegen Sie doch: Für diesen Schreiner ist es gewiss ärgerlich, wenn er ausziehen müsste.

Aber deshalb einen Mord begehen? Nein. Die Münchner Friedhöfe wären voll, wenn jeder deswegen gleich zum Messer greifen würde. Und so wie es aussieht, wusste dieser Schreiner gar nichts von dem, was da auf ihn zukam. Sie verrennen sich.«

Türk presste die Lippen aufeinander. Er war ratlos. Demmer sah demonstrativ auf die Uhr. Er hüstelte verhalten. Wieder ruckelte er an seiner Brille.

»Nun?«

Als hätte ihn die näselnde Stimme des Anwalts aus seinen Gedanken gerissen, hob Türk den Kopf.

»Wie… woher kennen Sie den Herrn Lamm eigentlich?«

Demmer maß ihn mit einem kühlen Blick. »Verzeihen Sie, aber ich sehe keinen Anlass, Ihnen über private Dinge Auskunft zu geben. Ich sagte Ihnen außerdem eingangs, dass ich nicht endlos Zeit für unser Gespräch habe.«

Türk verstand. »Na gut. Was werden Sie tun, Herr Demmer?«

Der Anwalt schnaubte ärgerlich. »Hören Sie, Herr Türk! Ich bin kein Ermittler. Anwälte, die sich ein Heer von Privatdetektiven halten, gibt es nur im Kino.«

»Ist das alles?«, sagte Türk schneidend.

Demmer blitzte ihn wütend an. Er wuchtete sich mit einem energischen Ruck aus dem Sessel, ging zum Fenster und sah durch die verregnete Scheibe auf die belebte Häberl-Straße hinab. Er atmete schwer und wirkte plötzlich schlaff und eingefallen. Es war, als spräche er zu sich selbst, als er leise antwortete: »Ich wüsste erstens nicht, was ich über das, was ich schon tue, hinaus tun sollte, und zweitens muss ich auch noch von etwas leben. Klienten wie Friedemann Lamm verhelfen mir dazu eher nicht, wenn ich aufrichtig sein darf. Aber wenn Sie mir im Gegenzug einen Tipp geben, wie ich meine Kanzlei über Wasser halte, bin ich zu jeder Schandtat bereit.«

»Verstehe«, sagte Türk kühl. »Letzte Frage noch: Was ist Ihre Prognose? Wie wird der Prozess ausgehen?«

Demmer drehte sich langsam um und sah Türk an.

»Es sieht nicht gut für ihn aus. Totschlag wird nicht in Frage kommen. Aber, wenn das ein Trost sein sollte: Auf Habgier wird man nicht befinden, das werde ich gerade noch abschmettern können. Aber das, was er bekommt, wird für ihn lebenslänglich bedeuten.«

»Ihr Optimismus ist wirklich beeindruckend.«

»Ach, halten Sie doch den Mund, Sie Klugscheißer«, sagte Demmer müde, während er zu seinem Tisch zurückschlurfte. »Bringen Sie vielleicht mehr zuwege? Zeigen Sie mir den Mörder, dann können Sie Ihre Klappe aufreißen!«

KAPITEL 12

Bitte nicht, Herr Türk«, sagte Patty.

»Was ›nicht‹?«

»Was Sie eben grad gesagt haben.«

»Ich hab dich doch bloß gefragt, ob's dich nicht friert, wenn du bei dem Sauwetter so rumläufst?«

Das väterlich besorgte Gefühl, das in ihm aufgewallt war, als er das Mädchen nabelfrei durch die Tür des Cafés hatte treten sehen, hatte ihn selbst überrascht.

»Aber ich mag's nicht mehr hören, Herr Türk. Ich hab's mir so oft von Mama und Papa anhören müssen.«

Türk kapierte. Sie war kein Kind mehr.

Das Café, in der Klenzestraße, das Patty für das Treffen vorgeschlagen hatte, war erst seit wenigen Minuten geöffnet. Sie waren die ersten Gäste. Manu Chao bemühte sich zwar bereits um latino-mediterrane Atmosphäre, doch gegen die klamme Luft, in der sich noch die faden Gerüche der vergangenen Nacht mit denen eines scharfen Putzmittels mischten, kam er nicht an.

Auch die junge Bedienung war noch nicht in Form. Immerhin brachte sie ihre Kiefer zu einem knappen »Ja?« auseinander.

Türk bestellte einen Kaffee. Das Mädchen sah ihn befremdet an. »Latte macchiato oder Cappucino?«

»Einen normalen Kaffee halt«, sagte Türk.

»Latte schmeckt besser«, sagte Patty betont beiläufig.

»Von mir aus«, meinte Türk. »Und, Patty du?«

»Für mich auch.«

»Hast heut überhaupt schon was gegessen?«

Sie schüttelte den Kopf. »Hab mich beeilen müssen heut früh, sonst hätt ich's mit Stadelheim nicht mehr geschafft.«

Türk drehte sich wieder zur Bedienung. Der Name des Münchner Gefängnisses musste Argwohn bei ihr ausgelöst haben, denn sie zwang sich zu einem umso unbeteiligteren Gesichtsausdruck.

»Haben Sie ein Schinkenkäsebrot oder so was?«, wollte er wissen.

»Nö. Hamwa nich. Nur Panini.«

»Was'n das?«

»Ciabatta-Brot mit Mozzarella und prosciutto di parma«, leierte das Mädchen.

»Da hätt ich Lust drauf«, sagte Patty.

»Okay. Zwei Kaffee und einmal dieses Dings –«

»Panini.« Die Bedienung rauschte ab.

Türk sah ihr verärgert nach. Dann fiel sein Blick auf Patty. Sie war übermüdet.

Sie habe wenig geschlafen, gab sie zu. Türk könne sich ja denken, warum.

»Wie geht's deinem Papa?«

Sie wartete ab, bis die Bedienung die Kaffeegläser abgestellt und sich wieder hinter die Theke begeben hatte.

»Er ist ziemlich fertig«, sagte sie leise. »Wie… zerbrochen irgendwie. Ich hab ihn kaum wiedererkannt. Er tut zwar, als wär alles nicht so schlimm, und ich soll mir keine Sorgen machen, seine Unschuld käm schon raus, und so. Aber ich merk genau, dass er mir was vormacht.« Sie umklammerte das Glas mit beiden Händen, als wollte sie sich daran festhalten, und nahm einen Schluck. Dann sah sie Türk erwartungsvoll an »Und Sie? Haben Sie was Neues rausgebracht?«

»Noch nichts«, gestand Türk.

Patty versuchte, sich ihre Enttäuschung nicht anmerken zu lassen. Sie rührte ihren Kaffee.

»Geht nicht so schnell, hm?«

Die Bedienung brachte das Panino. Patty griff beherzt zu.

»Schnell schon gleich gar nicht«, sagte Türk. »Vor allem muss ich mir erst über ein paar Sachen klar werden, die bei dieser Geschichte nicht zusammenpassen. Ich muss als Erstes wissen, wie der Kontakt zu diesem Losswitz tatsächlich überhaupt zustande gekommen ist. Hast du deinen Papa danach fragen können?«

»Er sagt, dass ihn eine Sekretärin angerufen und ihm den Termin genannt hat.«

»Nein, ich meine, wieso ihn dein Papa zuvor überhaupt angerufen hat. Von dir weiß ich, dass es um seinen Laden gegangen sein soll. Auf der anderen Seite haben wir ja schon festgestellt, dass es nicht darum gegangen sein kann, weil dieser Losswitz weder der Eigentümer war noch ist. Was ist also jetzt? Behauptet dein Papa das noch immer?«

»Ja. Er sagt, er hat ihn bloß treffen wollen, weil er ihm ausreden wollte, das Haus abzureißen, und dass er deswegen zuversichtlich war, weil die im Büro von Losswitz sehr freundlich gewesen sein sollen.« Patty sah ihn Hilfe suchend an. »Kapieren Sie das Ganze?«

Türk schüttelte stumm den Kopf und lehnte sich zurück.

»Vielleicht ist er im Moment ein bissl durch den Wind?«, meinte er schließlich. »Sag, hast du deinen Papa schon mal, sagen wir, ein bissl durcheinander erlebt? Phantasiert er sich manchmal was zusammen? Ist er vielleicht sogar schon mal in einer psychotherapeutischen Behandlung gewesen oder so was?«

»Wirklich nicht!«, entgegnete Patty beinahe heftig, um sofort wieder ihre Stimme zu senken. »Ein wenig ein Sonderling mag er ja sein. Aber was er denkt und sagt, ist immer klar gewesen. Ich jedenfalls hab ihm nie was vormachen können.«

»Aber warum, Patty, erzählt er dir, seinem Anwalt und der Polizei etwas, was definitiv nicht stimmen kann? Und, und das wär die zweite Frage, die mir im Kopf rumgeht: Wieso will auch Losswitz mit ihm darüber reden? Verstehst du das? Da treffen sich zwei Menschen, die sich sonst nie getroffen hätten, und reden über etwas, was gar nicht existiert! Das ist doch verrückt!«

»Was soll ich noch sagen, Herr Türk«, sagte sie unglücklich. »Der Papa bleibt einfach dabei.«

»Okay... dann gehen wir mal davon aus, dass er einen Grund dafür haben wird.«

»Aber was für einen?«

»Da fragst du mich zu viel. Erinnere dich lieber noch, was dir dein Papa noch erzählt hat. Zum Beispiel, wie das Gespräch mit dem Losswitz abgelaufen ist.«

Sie schloss kurz die Augen.

»Papa hat gesagt, dass... dass er ziemlich frustriert gewesen ist, weil der Losswitz so getan hat, als würd er von der ganzen Sache nichts wissen.«

»Wie? Hör ich recht? Von diesem angeblich geplanten Abriss hat er gar nichts gewusst?«

»Wenn ich's doch sag, Herr Türk!«, beteuerte Patty. »Daraufhin haben sie sich gestritten, und zuletzt hat ihn der Losswitz rausgeschmissen.«

»Und das war wann?«

»So um viertel nach neun herum. Um neun waren sie nämlich verabredet.«

Türk stellte das Glas ab.

»Okay, Patty. Dann packen wir die Sache mal anders an:

Dein Papa ist felsenfest davon überzeugt, dass er bald aus dem Haus geschmissen wird, was ein ziemlicher Schlag für ihn gewesen wär. Erstens, weil er sich wahrscheinlich einfach in der Gegend wohl fühlt, und zweitens, weil er heutzutage nirgendwo mehr so gute Konditionen wie im Anetzberger-Haus kriegen wird. Gleichzeitig haben wir aber den angeblichen neuen Besitzer, der davon gar keine Ahnung hat und sogar abstreitet, dass er das Haus abreißen will. Bleibt also die Frage – na?«

»Wer von den beiden lügt.«

»Genau! – Und? Was meinst du, Patty?«

»Papa bestimmt nicht. Was hätte er denn davon?«

»Das ist genau die Frage, Patty. Das Gleiche gilt übrigens auch für Losswitz. Wenn er ebenfalls gelogen hat, als er deinem Papa gegenüber alles abgestritten hat – was hätte das für einen Zweck gehabt?«

Patty zuckte die Schultern.

»Was weiß ich? Vielleicht wollt er nicht, dass es zu früh bekannt wird?«

»Achwo!« Türk machte eine wegwerfende Handbewegung. »Das kann einem wie Losswitz doch egal sein, ob sich da ein paar Hanseln gegen ihn stellen. Hast es ja gesehen bei eurer Hausbesetzerei. Da wird die Polizei gerufen und ruckzuck ist das Haus wieder leer.«

Sie wich seinem Blick aus und sah aus dem Fenster. Nach einer Weile sagte sie: »Aber wenn keiner von beiden einen Grund hat zu lügen, dann –«

»– könnte es sein, dass sowohl dein Papa als auch Losswitz von dem überzeugt waren, was sie gesagt und wie sie sich verhalten haben.«

»Schon… ja… aber ich komm nicht mehr ganz mit, Herr Türk«, sagte Patty kläglich.

»Ich hab's gleich, Patty«, Türk tätschelte ihre Hand. »Schau. Ob der Losswitz gelogen hat oder nicht, kann er uns nicht mehr sagen. Wir müssen aber klären, ob dein Papa einem Gerücht aufgesessen ist, oder ob da doch was im Busch gewesen ist mit dem Haus. Dazu müssen wir wissen, wie er überhaupt an die Information gekommen sein will, dass ein Abriss geplant ist. Hast du ihn danach gefragt, woher er davon erfahren hat? Hat er den alten Anetzberger zum Beispiel kurz vor seinem Tod noch im Krankenhaus besucht?«

Sie musste nicht lange nachdenken.

»Ja. Das muss vor ungefähr zehn Tagen gewesen sein. Aber da kann er unmöglich von dieser Geschichte erfahren haben. Dann wär der Papa nämlich danach bestimmt nicht so gut aufgelegt gewesen. Er hat mir erzählt, dass der Herr Anetzberger schon wieder auf dem Weg der Besserung wär. Er ist sehr froh darüber gewesen. Papa hat mir einmal gesagt, dass der Herr Anetzberger ein anständiger Mensch sei, und er einen großen Respekt vor ihm hätte. Das hat er nicht oft über jemanden gesagt. Ich glaube, dass da irgendwas in der Nazizeit war. Er soll Leute versteckt haben. Kann das sein?«

»Weiß nicht. Jedenfalls ist der Gustl in Ordnung gewesen.« Türk wechselte das Thema. »Sag, was ist eigentlich mit diesem Schreiner vom Hinterhaus?«

»Dem Joe? Den kenn ich kaum. Ist ganz nett, lebt aber ziemlich zurückgezogen, redet bloß das Nötigste mit einem. Papa und er sind sich irgendwie recht ähnlich, aber viel haben sie bestimmt nicht miteinander zu tun gehabt. Jeder hat den anderen leben lassen. Ich hab den Joe mal auf dem Flohmarkt im Kunstpark gesehen. Er verkauft dort seine Sachen. Alte Möbel und so, die er herrichtet.«

»Gut. Wen hätten wir noch? Der Sohn vom alten Anetzberger wohnt doch auch im Haus, oder?«

»Der Bebbe?«, fragte Patty spöttisch. »Mit diesem Alki hat schon lang keiner mehr was zu tun haben wollen. Der Papa erst recht nicht. Der war ihm zu blöd. Wenn der Bebbe ihn angemacht hat, hat er ihn einfach stehen lassen.«

»Kann ich mir gut vorstellen«, pflichtete ihr Türk bei. »Aber dann weißt du ja jetzt, was du deinen Papa das nächste Mal unbedingt fragen mussst, oder?«

Patty hatte ausgetrunken und schob das Glas von sich. »Schon klar.« Sie sah auf die Uhr. »Ich müsst jetzt weg, Herr Türk. Ich jobbe gleich ums Eck in einem CD-Laden.«

Türk hörte nur mit einem Ohr hin. Er winkte der Bedienung.

»Sag mir bloß noch: Wie ist eigentlich das Verhältnis zwischen deinem Papa und deiner Mutter?«

Patty zuckte mit den Schultern. »Jetzt ist es eigentlich ganz gut. Aber einen Grund wird's schon haben, dass sie nicht mehr zusammenwohnen. Aber da blick ich nicht durch und will's auch gar nicht. Wieso?«

»Wieso wohl. Weil es sein kann, dass die beiden miteinander über diese Geschichte geredet haben.«

Sie hob die Schultern, wenig überzeugt.

»Ich kann sie fragen, wenn Sie –?«

»Gib mir die Adresse«, forderte sie Türk auf. »Ich tu's selber. Kannst mich meinetwegen ankündigen. Aber untersteh dich, meinen Namen am Telefon zu nennen – du weißt, warum, oder? Wenn die Kripo dahinterkommt, dass ich –«

»Ist doch klar«, fiel sie ihm ins Wort, während sie die Adresse auf eine Serviette kritzelte. Nachdem sie gezahlt hatten, gingen sie auf die Straße und verabschiedeten sich. Sie hatten sich schon einige Schritte voneinander entfernt, als Patty sich noch einmal umdrehte.

»Herr Türk! Entschuldigung!«

Er blieb stehen. Mit ein paar Schritten war sie bei ihm.

»Eines fällt mir doch noch ein, Herr Türk. Es hat – ein paar Tage vor der Beerdigung muss es gewesen sein – einmal einen

Krach zwischen dem Papa und dem Bebbe gegeben. Aber um was es gegangen ist, hat er mir nicht gesagt.«

»Mensch, Kind!«, brummte Türk ärgerlich. »Wieso sagst du mir das nicht gleich?«

KAPITEL 13

Bebbe Anetzberger übertrieb es nicht mit der Trauer um seinen erst vor wenigen Tagen verstorbenen Vater. Er schraubte gerade an einer gackernden, verzweifelt heiteren Frau mit nachgeblondetem Vorstadthelm herum, als Türk das *Loher Stüberl* betrat.

»Herr Anetzberger?«

Bebbes Hals bildete einen Wulst, als er sich umdrehte.

»Wer will was von mir?«, dröhnte er. »Ach, bist du nicht… du bist früher oft beim Vater gesessen, stimmt's?«

Türk nickte.«Mein Beileid noch mal«, sagte er.

»Jaja, schon recht«, grunzte Bebbe. Er nahm seinen fleischigen Arm von der Schulter seiner Nachbarin. »Aber die Hebamm war nimmer schuld, wie man so sagt. Irgendwann ist's mit jedem aus.«

Die Frau kicherte mit Verzögerung und schmiegte sich an ihn.

»So hart hat's dich Gott sei Dank ja nicht getroffen«, bemerkte Türk.

Bebbe schoss einen argwöhnischen Blick ab, entschied sich aber dafür, diese zweideutige Bemerkung erst einmal an sich abtropfen zu lassen.

»Ich sag ja, irgendwann geht's mit jedem dahin«, wiederholte er, fühlte sich aber dann doch zu einer Erklärung bemüßigt: »Dass ich mich deswegen gleich aufhäng, kann schließlich keiner erwarten, oder? Wo er mir sogar noch bei seiner Beerdigung das Kraut hat ausschütten müssen. Als ob's das gebraucht hätt!«

»Ja... eine Blamage ist das gewesen...«, pflichtete ihm die Frau bei.

Türk sah ihn fragend an. Bebbe stippte die Asche seines Zigarillos ab.

»Warst doch selber dabei, oder? Muss er mir das Kommunisten-Stückl spielen lassen! Grad zum Fleiß!«, sagte er erbost. »Aber die Leut tratzen, so was hat ihm gefallen! Mit mir hat er's nicht anders gemacht.«

Der Wirt hatte zugehört: »Musst verstehn, Bebbe. Weißt doch, dass sie ihn seinerzeit ins KZ eingesperrt haben.«

Bebbe nickte grimmig. »Allerdings weiß ich das. Alle Daumlang ist er mit dem alten Käs dahergekommen.«

»So was vergisst eins halt auch nicht so leicht«, gab der Wirt zu bedenken.

»Er hat's doch gar nicht vergessen wollen!«, gab Bebbe gereizt zurück. »Ich glaub fast, er hat sich drauf noch was eingebildet. Andere halten ihr Maul, wenn sie mal eingesperrt gewesen sind, aber er – pffh!«

»Wegen was habens ihn denn überhaupt eingesperrt?«, erkundigte sich der Wirt.

»Was weiß ich. Irgendwas wird er schon angestellt haben.« Bebbe nahm einen tiefen Schluck. »Wenn er vor dem Krieg schon so gewesen ist wie danach, dann wundert's mich überhaupt nicht. Allerweil dickschädlig, allerweil anders wie die anderen! Und mir kann keiner erzählen, dass es unterm Hitler bloß lauter Gangster gegeben haben soll, wie er immer getan hat. So was kann gar nicht sein.«

»Noja... aber das mit den Juden hätt's nicht gebraucht«, warf seine Freundin piepsig ein.

Bebbe fuhr sie ärgerlich an: »Fang du nicht auch noch an mit dem politischen Schmarren! Will endlich meine Ruh haben!«

»Mein ja bloß…«

Bebbe stierte ins Nichts. »Mein Lebtag lang hat er mich schikaniert, mich und die Mama. Nichts als schikaniert!«

Seine Gespielin nickte mitfühlend. »Alte Leut werden halt oft boshaft«, tröstete sie ihn.

»Das kannst laut sagen.« Bebbes Miene hellte sich wieder auf. »Aber, wie gesagt, irgendwann ist's ausgetratzt!« Er wandte sich mit breitem Grinsen an den Wirt. »Was sagst du, Fonse?«

»Schon«, meinte der Wirt unbeteiligt und sah Türk fragend an. Dieser hob abweisend die Hand. »Bin gleich wieder fort.«

Bebbe warf ihm einen schrägen Blick zu. Seine kleinen Augen versanken fast zwischen nahezu wimpernlosen, geschwollen Lidern über teigigen Tränensäcken.

»Sonst noch was?« Er wartete Türks Antwort nicht ab und wandte sich wieder seiner Freundin zu. Sie quiekte auf und schlug ihm auf die Finger, die er in ihren Hintern krallte. Türk zog sich einen Hocker heran und legte seinen abgewinkelten Ellenbogen auf die Theke.

»Bloß eine Frage, Bebbe. Ich hab mir sagen lassen, dass du dich neulich mit dem Herrn Lamm gestritten hast.«

Es war nicht ganz klar, ob Bebbe eine Weile brauchte, um die Frage zu verstehen, oder ob er sich durch sie belästigt fühlte. Er bequemte sich zu einer Antwort: »Mit dem Zottel im Parterre vielleicht? Der mit seinem verstunkenen Buchladen?«

»Mit dem, genau«, sagte Türk geduldig. »Lamm heißt her.«

»Kann sein. Was geht's dich an?«, blaffte Bebbe ärgerlich.

»Ich –«

Bebbe fiel ihm ins Wort. »Moment mal – bist du nicht ein Sheriff? Du bist doch bei der Schmier, stimmt's?«

Türk nickte.

»Ich tät's zwar nicht so ausdrücken, Bebbe, aber –«

»Klar! Bist bei der Bullerei, jetzt fällt's mir wieder ein!« Bebbes Augen wurden noch winziger. Er versuchte sein Misstrauen zu überspielen und grinste. »Willst mich verhaften, weil ich nicht in Schwarz geh?«

Seine Gespielin fand es lustig. Sie kraulte seinen Nacken.

Türk blieb ernst. »Nein. Was ich frag, ist privat.«

Bebbe schlug seiner Freundin gereizt auf die Finger und schob sie zur Seite.

»Tu deine Griffel da weg! Weißt doch, dass ich da kitzlig bin!«

Sie rückte schmollend von ihm ab und griff nach ihrem Glas.

»Von mir aus, frag«, brummte Bebbe. »Aber mach's kurz.«

»Der Herr Lamm ist doch jetzt im Gefängnis. Um –«

»Ich bin im Bild, Chef«, unterbrach Bebbe bräsig.

»Um was ist es bei eurem Streit gegangen?«

»Zu was soll das interessant sein? Hab öfters mit ihm gestritten! Hab's allweil schon dick gehabt, das eingebildete Arschloch! Und ich hab mich schließlich ja auch nicht getäuscht in ihm. Eine ganz linke Sau ist das. Und jetzt hat er sogar einen umgebracht. Aus Neid, wenn du mich fragst. Ist doch allweil so: Die's selber zu nichts bringen, haben einen Hass auf die, die mehr haben als sie.«

»Über was habt ihr gestritten?«, bohrte Türk nach.

»Weiß ich nimmer. Er hat mich einfach aufgeregt.«

»Streng dich bittschön an, Bebbe.«

»He. Du hast gesagt, es wär privat. Mir kommt's aber eher wie ein Verhör vor!«

»Ist es aber nicht.« Türk lächelte ausgleichend, beugte sich zu ihm und senkte die Stimme. »Ich hab brav ›bittschön‹ gesagt, Bebbe. Ob du aber jetzt grad überlegst, dass es vielleicht auch einmal einen Vorteil haben kann, wenn du einem von der Polizei einen Gefallen tust, kann ich natürlich nicht verhindern.«

Bebbe sah ihn entgeistert an. Es vergingen einige Sekunden, bis er begriffen hatte.

»Ich weiß es echt nimmer, Herrgottnochmal!«, sagte er schließlich trotzig.

Seine Begleiterin hatte das Gespräch neugierig mitverfolgt. Sie stieß Bebbe in die Seite.

»Hast du mir nicht gesagt, er hätt dich einmal angeraunzt, dass du dich nicht genug um deinen Vater kümm–«

»Halt den Schnabel!«, fuhr Bebbe sie an. Er drehte sich wieder zu Türk. »Na gut. Kann sein. Der Zottel hat gemeint, mir Vorwürfe machen zu müssen, dass ich nicht jeden Tag in Trauer gegangen bin, weil mein Alter im Sterben liegt. Ich hab gesagt, er kann mir den Schuh aufblasen, und so ist es halt ein bissl hin und her gegangen. Bin echt kurz davor gewesen, ihm eine aufzustreichen, aber da ist er schon wieder drin gewesen in seinem Altpapierlager.«

»Das ist alles gewesen?«

»Ja«, knurrte Bebbe. »Schau ich eigentlich aus wie eine Schallplatten mit Sprung?«

»Hast du dem Lamm dabei zufällig auch damit gedroht, dass er bald gekündigt werden soll?«

»Kann schon sein. Der kann doch nicht erwarten, dass ich auf so Hungerleider wie ihn als Mieter steh.«

»Aber wie hast du so was sagen können? Das Haus gehört dir doch noch gar nicht. Oder hat dir dein Vater das Haus schon früher überschrieben?«

Bebbe lachte bitter auf. »Aber garantiert nicht. Hast doch meinen Alten gekannt, oder?« Er nahm einen Zug aus seinem Zigarillo, spitzte genießerisch den Mund und ließ einen Rauchkringel emporsteigen. »Aber das ist ja jetzt quasi Schnee von gestern. Morgen ist Testamentseröffnung, und dann gehört's mir. Ist zwar ein alter Kasten, weil der Vater dermaßen knickert war und jedes Mal, wenn ich vom Renovieren auch bloß geredet hab, gleich einen Anfall gekriegt hat. Aber es ist besser wie gar nichts.«

»Das hast du dir aber auch endlich einmal verdient«, warf seine Freundin ein. »Sagst du nicht auch, Fonse?«

Der Wirt zuckte die Achseln. Er fuhr mit dem Wischlappen über die Ränder der Spüle.

»Schon«, meinte er, ohne sie anzusehen.

»Lieber hat er das Geld zum Fenster rausgeschmissen für seine Vereine und seinen ganzen Sozial-Summs«, grummelte Bebbe. »Dass er ein angeblicher Wohltäter gewesen sein soll, das hat er sich jedenfalls vor mir wenig anmerken lassen.«

»Was hast du dann vor? Umbauen? Renovieren?«, erkundigte sich Türk.

»Ha! Sonst bist schon noch gesund, was? Das werd ich mir garantiert nicht antun! Mit was für einem Geld auch? Von dem bissl, das die Mieter zahlen?« Er griff nach seiner Begleiterin und zog sie an sich. »Erst wird einmal gelebt. Was, Spatzl?«

Sie schmiegte sich wieder gurrend an ihn und kraulte seinen Nacken.

»Heißt das, dass du es verkaufen willst?«

»Vielleicht?«, sagte Bebbe. »Ich werd mich jedenfalls nicht ruinieren. Wie heißt's? ›Besitz ist Last‹.«

»Gibt's vielleicht schon Interessenten?«

Bebbe streifte die Finger seiner Geliebten ärgerlich ab.

»Lass das, hab ich gesagt«, schnauzte er sie an. Sie bedachte ihn mit einem schafsäugigen Blick und zog einen Flunsch. Bebbe zog an seinem Zigarillo und nahm einen Schluck aus dem Pilsglas. Er sah Türk von der Seite an.

»Schon mal was von Geschäftsgeheimnis gehört, Herr Obersheriff?«

Türk sah ihn forschend an.

»›Nein‹ heißt das nicht«, stellte er fest.

»Richtig, Sheriff, Blattschuss. ›Nein‹ heißt das nicht«, bestätigte Bebbe überheblich. Er zwinkerte Fonse zu und schob ihm das leere Glas entgegen. Der Wirt nahm es mit stummer Routine und hielt ein neues Glas unter den Zapfhahn.

Türk hatte nicht lange nachdenken müssen.

»Du hast also schon einen Vorvertrag abgeschlossen. Richtig?«

»Ich frag dich nochmal: Schon mal was von Geschäftsgeheimnis –«

Türk ließ ihn nicht zu Ende reden: »Und zwar mit dem Losswitz.«

Bebbe zuckte unbeteiligt die Schultern. »Sagen wir mal so: Mit dem, der am meisten Pulver hat.«

»Und das ist der Losswitz!«, sagte Türk. »Merkst du eigentlich nichts, Bebbe? Du spielst dich auf wie der Geheimdienst Seiner Majestät, dabei pfeifen's die Spatzen schon von den Dächern.«

»Kann's sein, dass du mich langsam nervst, Sheriff?« Bebbes Augen wurden wieder zu Schlitzen. »Wie kommst denn ausgerechnet auf den?«

»Weil ich nicht auf den Kopf gefallen bin, Bebbe«, konterte Türk trocken.

Bebbe nahm einen tiefen Schluck und wischte sich mit dem Handrücken über den Mund.

»Wenn du schon so gescheit bist, dann brauch ich ja nichts mehr zu sagen.«

»Auch eine Antwort«, sagte Türk.

Bebbe glotzte sein Glas an. Ein Aufstoßer schüttelte ihn.

»Fonse, schmeiß ihn naus«, sagte er. »Bevor ich's selber tu.«

»Sei nicht so harsch«, wiegelte der Wirt ab. »Dass bei mir einer von der Polizei eine aufs Aug kriegt, tät mir grad noch abgehen. Hinterher hab ich mit denen noch ein Geschiss deswegen. Sag ihm halt in Gottsnamen, was er wissen möcht. Siehst doch, dass er eher keine Ruh gibt.«

»Mag aber nicht!«, brauste Bebbe auf. Der Wirt hob beschwichtigend die Hände.

»Jetzt stell dich halt nicht so an, du sturer Hund. Wenn's wahr ist, wer soll dir eigentlich noch was anhaben können? Kann dir doch bald wurscht sein, oder?«

»Kann dir jetzt wirklich wurscht sein, Bebbe«, pflichtete ihm die Frau bei. Er sah sie ärgerlich an. Wütend rammte er seinen Zigarillo in den Aschenbecher.

»Meinetwegen! Wird ja eh bald jeder wissen. Ja! Mit dem Losswitz seiner Firma bin ich im Geschäft.«

»Und das hast du abgeschlossen, noch bevor dein Vater unter der Erde war.«

Bebbe sah ihn trotzig an.

»Was dagegen, Sheriff? Ist das vielleicht verboten? Hab doch genau gewusst, dass es nimmer lang mit ihm geht. Mir als Sohn sagt der Arzt schon das eine oder andere.«

»Und wie du neulich mit dem Lamm gestritten hast – hast du ihm gesagt, dass du ans Verkaufen denkst? Hast du ihm vielleicht auch gesagt, an welche Firma du denkst, wenn du verkaufst?«

Bebbe zeigte sein gelbes Gebiss.

»Haha! Sonst noch was. Das muss ich grad dem doch nicht auf die Nase binden, oder?«

Türk atmete durch. »Hast du ihm jetzt den Namen genannt oder nicht?«

»Pfhh! Blöd werd ich sein. Da hat ja der Vater noch gelebt. Wenn der das erfahren hätt – na, merci!«

»Das kann sein.«

»Du hast keine Ahnung, Sheriff. Null«, sagte Bebbe leise.

»... keine Ahnung ...«, echote seine Freundin leidend.

»Kann auch sein. Aber ich frag dich nochmal: Hast du den Lamm informiert, dass es der Losswitz war?«

»Herrgottnochmal!«, platzte Bebbe heraus. »Wie oft muss ich's noch sagen?! Bin ich dein Papagei?! Ich weiß es nicht mehr genau! Ich hab halt ein bissl getankt gehabt an dem Tag!«

»Schließt du es vollkommen aus?«

»Nein! – Ja! So komplett besoffen war ich dann auch wieder nicht. Hab doch gewusst, was das für Scherereien gibt, wenn's der Lamm meinem Vater steckt! Der hätt das sofort getan, das garantier ich dir! Eine linke Sau ist das, eine ganz linke!«

»Aber der Lamm hat's gewusst! Von wem?«

Bebbe brauste auf: »Bin ich Hellseher, oder was? Vielleicht hat er mich auch bloß mal gesehen, wie ich mit denen geredet hab? Hab ihnen das Haus ja schließlich vorher zeigen müssen. Kann schon sein, dass er es da mitgekriegt hat.«

»Reg dich doch nicht auf, Bebbe«. Die Frau tätschelte mütterlich seine Schulter. Sie sah Türk strafend an.

»Stimmt. Das wär eine Möglichkeit«, räumte Türk ein.

»Haben wir's dann endlich?«, raunzte Bebbe. »Langsam langt's mir nämlich mit deiner dummen Fragerei. Willst mir eigentlich den Tag versauen?«

»Hast es bald überstanden«, beruhigte ihn Türk. »Bloß noch eins, Bebbe. Das Geschäft ist ja jetzt hinfällig, oder? Der Losswitz ist schließlich tot.«

Bebbe grinste überheblich.

»Ich sag ja: Wenn du schon so gescheit bist, brauch ich nichts mehr zu sagen. So. Und jetzt sag ich gar nichts mehr. Höchstens noch, dass ich mir an deiner Stelle abgewöhnen tät, andere für blöd zu halten.«

»Du meinst, du hast für überraschende Todesfälle vorgebaut?«

Bebbe neigte sich nahe an Türks Gesicht. Säuerlicher Atem waberte aus seinem Mund. »Schadet nie, an die Zukunft zu denken, oder?«

»Richtig«, stimmte ihm Türk zu. »Aber wenn einer allzu schlau sein will, kommt manchmal das Gegenteil dabei heraus.«

»So ein Zufall, Sheriff.« Bebbe hatte wieder Oberwasser. »Sowas ähnliches wollt ich dir auch grad raten. Es ist manchmal sogar richtig ungesund.«

Er wandte sich brüsk ab und hielt dem Wirt sein Bierglas entgegen.

»Und jetzt bin ich echt durstig geworden, Fonse!«

Der Wirt nickte Türk zu, der sich mit einem stummen Gruß verabschiedet hatte und das Stüberl verließ. Er lachte geschäftsmäßig.

»Dass du uns verdurstest, das können wir ja nicht zulassen, Bebbe.« Während er den Zapfhahn bediente, fügte er mit leichtem Stirnrunzeln hinzu. »Aber gell, wenn das was geworden ist mit dem Haus – du denkst schon dran, dass… ich mein –«

Bebbe winkte mit einer fahrigen Bewegung ab.

»Jaa! Scheiß dir nicht in die Hosen! Kriegst dein Geld schon, du Geier!«, knurrte er. Er setzte das volle Glas an und fügte leiser hinzu: »…alle kriegen's!«

KAPITEL 14

Darin hatte Bebbe zumindest Recht gehabt: Das Anetzberger-Haus war kein Schmuckstück mehr. Deutlich war zu erkennen, dass es vor dem Krieg um mindestens ein Stockwerk höher gewesen sein musste, denn rechts und links ragten die Fassaden neu verputzter Nachbarshäuser zwei Etagen in den grauen Himmel.

Dennoch ging etwas wohltuend Heimeliges von dem Gebäude aus. Es musste über hundert Jahre alt sein. Wie nur noch wenige Münchner Stadthäuser hatte es sprossige, von Fensterläden gerahmte Holzfenster. Das Tor zur Hofdurchfahrt unterteilte die Hausfront. Links davon befand sich ein kleiner Laden – Friedemann Lamms Antiquariat. Das schmale Schaufenster ließ darauf schließen, dass sich darin einer der vielen kleinen Lebensmittelläden befunden hatte, wie sie in den Quartieren der Vorstadt früher üblich waren. Die trüben Scheiben spiegelten die gegenüberliegenden Häuser; es musste schon eine gehörige Zeit vergangen sein, dass das Schaufenster gereinigt worden war. Lamm hatte offensichtlich nur Augen für seine bibliophilen Schätze, und dem bescheidenen Ruhm, den sein Laden in den letzten Jahrzehnten unter Kennern erworben hatte, tat eine gewisse ältliche Schäbigkeit keinen Abbruch.

Türk studierte die Klingelschilder an der Einfahrt.

Auf der rechten Seite hatte der Alte gewohnt. Die Vorhänge hinter den nahezu blinden Scheiben waren zugezogen. Bebbe hatte sich während der Monate, in denen der alte Gustl Anetzberger im Krankenhaus lag, nicht um die Wohnung gekümmert.

Über ihm musste sich Bebbes Wohnung befinden, und, wenn seine Erkundigungen zutrafen, auf der Etage über dem Laden die kleine Wohnung Lamms und die der alten Frau Mühlbauer. Im Rückgebäude befand sich die Restaurierungsschreinerei eines Josef Seebauer.

Er fischte den Schlüssel, den er von Patty erhalten hatte, aus seiner Hosentasche, ging durch die mit welligem Stirnholz ausgelegte Durchfahrt, von der die Zugänge zu Wohnung, Laden und Treppenhaus abzweigten. Zwischen Vorder- und Hinterhaus öffnete sich ein verwunschener Innenhof, vom üppigen Blattwerk einer alten Kastanie überwölbt. Aus den Ritzen zwischen den erdroten Pflasterziegeln sprießte Moos und Unkraut. Der Verkehrslärm war fern, abgeschirmt von den Gebäuden des Straßengevierts. In einem Nachbarhaus krähte ein Säugling, von weiter entfernt flog das Bimmeln eines Telefons heran. Niemand hob ab. Alles wirkte, als wäre die Zeit an diesem Ort stehen geblieben. Die fette, grüne Belaubung schützte den Hof vor den Blicken aus den umliegenden Wohnungen. Auf der einen Seite trennte eine Feuermauer, auf der gegenüberliegenden Seite eine niedrige Mauer die stille, beinahe dörfliche Oase von den benachbarten Höfen ab. Im Schatten der Kastanie ließen eine verwitterte Holzbank und ein mit Rostflecken übersätes Bistro-Tischchen erahnen, wie herrlich es sein musste, warme Sommernächte bei Kerzenschein und Grillfeuer hier zu verbringen. Das Rückgebäude mit Joes Möbel-Restaurationswerkstatt war ein von wucherndem Geißblatt umranktes Häuschen, bestehend aus Erdgeschoss und einer darüber liegenden Mansardenwohnung.

Türk trat näher. Nichts rührte sich. Er stellte sich auf die Zehenspitzen und versuchte, einen Blick durch das Fenster zu werfen, doch mehr als den vorderen Teil des Werkstattraumes konnte er nicht einsehen. Der Schreiner schien nicht zu Hause zu sein. Türk machte sich auf den Rückweg in das Vorderhaus.

In Lamms Laden herrschte dämmeriges Dunkel, seit längerer Zeit schien nicht mehr gelüftet worden zu sein. Bis auf eine winzige Koch- und Essecke war jeder Raum bis an die Decke mit dunkel gebeizten Bücherregalen vollgestellt. Türk war unschlüssig, wonach er suchen sollte.

Er ging durch die Räume, durchforstete das Chaos, das sich auf einem kleinen Tisch zwischen Laden und Hinterräumen türmte. Natürlich hatte die Mordkommission bereits alles auf den Kopf gestellt, hatte den Rechner, alle Korrespondenzen, Kalender und Telefonverzeichnisse abtransportieren lassen. Den Weg hierher hätte er sich vermutlich sparen können.

Er ließ seinen Blick über die Wände des Durchgangs zum Hinterzimmer schweifen. Vergilbte kubanische Serigrafien, auf denen geballte Fäuste drohten, sahen auf ihn herab, Portraits von Victor Jara, Salvador Allende, Che Guevara, die Ankündigung eines »Rote-Rübe«-Stücks, eines Konzerts von Franz-Josef Degenhardt…

Ein alter Linker also war dieser Friedemann Lamm. Früher vermutlich atemlos aktiv, heute ermüdet und ein wenig resigniert in seinem Exil zwischen Buchrücken und angestaubten revolutionären Devotionalien. Es waren die Spuren eines Lebens, das Türk fremd war.

Ein Geräusch ließ ihn herumfahren. Aus dem Dunkel des Eingangsflurs stürzte eine Gestalt mit pantherhafter Bewegung auf ihn zu. Instinktiv wich Türk zur Seite. Der Faustschlag traf ihn nicht mehr mit voller Wucht, schleuderte ihn aber dennoch gegen die Wand. Er verlor das Gleichgewicht und riss im Fallen ein klapperiges Regalgestell zu Boden. Sofort war der Angreifer wieder über ihm. Er griff nach Türks Arm und versuchte ihn auf den Rücken zu biegen.

»So, Bürscherl«, hörte er eine keuchende Stimme. »Hab ich dich.«

Türk wand sich verzweifelt. »Lassen Sie mich! Sie Idiot!«

»Halt's Maul, sonst fängst noch eine, klar?«

Türk machte eine halbe Drehung, zog seine Beine an, spannte seine Muskeln und stieß sie seinem Gegner in die Brust. Der torkelte mit einem Schmerzensschrei zurück, prallte an die Wand und rutschte zu Boden. Sofort war Türk auf den Beinen. Er hob die Faust und holte aus. Dann ließ er sie sinken.

»Jo-Joe…?«, stotterte er.

Der Schreiner glotzte ihn verdutzt an. Türk trat einen Schritt zurück. Langsam kam Joe wieder auf die Beine. Er schien Mühe zu haben, seine Gedanken zu sortieren.

»Haben Sie den Verstand verloren?«, fragte Türk.

Josef Seebauer wischte sich mit dem Handrücken über Mund und Schnauzer.

»Was… was haben Sie da herin verloren?«

»Herrgott, Joe!«, schimpfte Türk. »Wir sind uns doch früher öfter über den Weg gelaufen. Im *Bayerischen Brünnl*! Er klopfte sich flockigen Staub von seinem Jackett.

Joe blinzelte. Seine Anspannung ließ nach. Er ließ die Schultern fallen.

»Du bist das?«, fragte er schließlich.

Türk tat einen ärgerlichen Seufzer. »Endlich! Ja! Ich!«

»So… so oft haben wir uns auch nicht gesehen. Du bist aber allweil woanders gesessen. Außerdem hast damals anders ausgeschaut.«

Türk rieb seine schmerzende Schulter.

»Ist ja auch schon wieder eine Zeit lang her. Älter werden

wir alle. Ein bissl die Augen aufmachen, bevor man zuhaut, wie wärs damit?«

»War so finster… hab gedacht, du bist ein Einbrecher«, entschuldigte er sich, um gleich wieder misstrauisch nachzufragen: »Wie bist du überhaupt reingekommen?«

Türk griff in seine Jackentasche, zog den Schlüssel hervor und hielt ihn Joe vor das Gesicht. Ein kleines rotes Herzchen baumelte daran. »Weil mir die Tochter vom Herrn Lamm den Schlüssel gegeben hat, ganz einfach.«

Joe schluckte.

»Dann… dann tut's mir Leid, okay?«, sagte er betreten. »Aber trotzdem: Was suchst du im Friedemann seinem Laden?«

Türk erklärte es ihm.

»Seine Tocher ist nämlich fest davon überzeugt, dass der Herr Lamm unschuldig ist.«

»Ist er auch«, bekräftigte Joe. »Der Friedemann und einen umbringen. Im Leben nicht!«

»Ich glaub's euch gern.« Türk bückte sich, um das Regal wieder aufzurichten. »Bloß hab ich nichts davon, wenn ihr das sagt. Dass der Herr Lamm erwiesenermaßen zum Tatzeitpunkt am Tatort gewesen ist, wirst du ja wissen.«

Joe ging ihm zur Hand.

»Das kann bloß ein Zufall gewesen sein!«

»Zufall.«

»Ja, was denn sonst?«

»Joe! Zufall! Wenn wir bei Gericht mit so was daher kommen, da kriegen wir bestenfalls den Narhalla-Orden dafür!«

Joe legte einen Keil unter das Regal und überprüfte die Stabilität.

»Ich glaub, es tut's schon wieder.«

Türk begann, die auf dem Boden verstreuten Ordner aufzusammeln und in die Fächer zu reihen.

Zögernd begann Joe: »Wie geht's denn jetzt weiter mit dem Friedemann?«

»Wenn ich's bloß wüsst, Joe. Ich weiß ja noch nicht einmal, ob er's nicht doch gewesen ist.«

»Krampf!«

»Joe, wenn ich mir anschau, wie du mich vorhin grad behandelt hast, dann geb ich, wenn ich ehrlich sein muss, auf deine Menschenkenntnis nicht allzuviel.«

Der Schreiner schwieg verärgert. Türk ging zum Waschbecken, öffnete den Hahn und wusch sich die Hände.

»Nichts für ungut«, meinte er. »Es nervt mich einfach. Irgendwas ist an der ganzen Geschichte oberfaul. Aber ich komm einfach nicht dahinter, was es ist.«

Joe nickte versöhnt. Sie gingen in den Hausflur. Türk zog die Türe hinter sich zu und drehte den Schlüssel zweimal um.

»Ich hab genauso wenig einen Schimmer wie du«, gestand Joe niedergeschlagen. »Aber irgendwas muss passieren. Der Friedemann darf doch nicht so einfach eingesperrt werden, bloß weil er am falschen Platz gewesen ist.«

Türk richtete sich auf.

»Joe, sag mir lieber, ob dir an diesem Abend was aufgefallen ist. Hast du vielleicht gesehen, wann er aus dem Haus gegangen ist, oder ist dir was an ihm aufgefallen, wie er heimgekommen ist?«

»Das ist es ja.« Der Schreiner ließ den Kopf hängen. »Nichts hab ich mitgekriegt.«

»Die Kripo wird dich ja auch schon ausgefragt haben, oder?«

Joe nickte. »Die Frau Mühlbauer und den Bebbe auch. Die Frau Mühlbauer hat wenigstens sagen können, dass er so um zehn heimgekommen ist und sich wahrscheinlich gleich hingelegt hat.«

»Und ihr wart den ganzen Abend daheim?«

»Ja. Außer dem Bebbe natürlich. Der wohnt ja praktisch im *Loher Stüberl.*«

»Und was der Herr Lamm überhaupt an der Stelle verloren hat, wo der Mord dann passiert ist, dafür hast du auch keine Erklärung, nehm ich an.«

Joe hob die Schultern.

»So speziell sind wir ja auch nicht miteinander gewesen. Ich denk doch selber schon dauernd drüber nach, wie ich dem Friedemann helfen könnt. Aber mir fällt und fällt einfach nichts ein.« Er sah Türk an. »Und wie willst du es anstellen?«

»Indem ich erst einmal alles nachprüf, was an angeblichen Fakten vorliegt. Zum Beispiel, warum sich der Herr Lamm ausgerechnet mit diesem Bauunternehmer hat treffen wollen. Weißt du es?«

»Nein!« Der Schreiner war verzweifelt. »Herrgottnochmal! Ich weiß doch nichts! Überhaupt nichts!«

KAPITEL 15

Der Dienstgruppenleiter hielt sich am Türrahmen fest und beugte sich in den Wachraum.

»Kollegen, ich hätt eine geniale Idee, wie man bei euch Strom sparen könnte.«

»Deckung! Witz!«, warnte Brunner.

»Sonst hast du keine Probleme, Maierhofer?« Türk sah von seinem Bildschirm auf, vor dem er sich schon seit einer halben Stunde herumquälte. Der Bericht über den Einsatz, zu dem er gleich nach Dienstbeginn abkommandiert worden war, bereitete ihm Schwierigkeiten. Sogar der Computer schien ob des hirnverbrannten Anlasses zu streiken. Zwei Hundehalter waren über die Frage aneinander geraten, welche der beiden Tölen ihren Haufen in die Mitte des Gehweges setzte, was damit geendet hatte, dass Mr. Korrekt eine penibel eingesammelte Ladung Hundescheiße vor der Tür von Mr. Unkorrekt entsorgte. Was dieser sich natürlich nicht hatte gefallen lassen und umgehend mit Gleichem vergalt. Die Sache selbst wäre mit ein paar unmissverständlichen Ermahnungen erledigt gewesen, wäre da nicht auch eine – zwar vermutlich nicht mehr funktionierende –, aber eben nicht genehmigte P8 aus dem Weltkrieg ins Spiel gekommen. Türk und Brunner von der A-Schicht, die für diesen Einsatz zusammengespannt worden waren, hatten sie beschlagnahmen müssen. Mr. Korrekt hatte ihnen etwas von lieben alten Erinnerungen vorgeweint und ihnen Hartherzigkeit vorgeworfen, was die beiden Beamten aber nicht sonderlich gerührt, sondern ziemlich sauer gemacht hatte.

»Wieso Strom sparen?«, wollte Brunner wissen.

Der Dienstgruppenleiter grinste breit. »Na, es heißt doch allerweil, dass wir unsere Bürokosten senken sollen.«

»Was du nicht sagst«, meinte Türk gallig. »Und was wär dann deine geniale Idee?«

»Ganz einfach: Bewegungsmelder fürs Deckenlicht über euren Stühlen einbauen.« Maierhofer lachte schallend.

»Wahnsinnig witzig«, bemerkte Brunner. Türk schüttelte den Kopf.

»Na, gut«, lenkte Maierhofer ein, »war kein Brüller. Aber wenn man sich euch länger so anschauen muss, kann einer glatt depressiv werden.« Sein Blick wanderte über die beiden Beamten und blieb bei Öttl hängen. »Was ist denn schon wieder los?«

Der rundliche Wachbeamte drehte sich auf seinem Sessel zu ihm.

»Ach, du weißt doch«, seufzte er. »Es ist wegen dem Ali. Er ist ganz fertig wegen dieser blöden Geschichte.«

Maierhofer war informiert.

»Deswegen ist er heut nicht da, hm?«

»Ist ihm wahrscheinlich auf den Magen geschlagen. Hat jedenfalls einen Mordsdünnschiss. Wenn er nicht grad kotzt.«

»Ich weiß«, sagte der Dienstgruppenleiter. »Die arme Sau. Also wenn ihr mich fragt – ich find's übertrieben. Wegen einem Witz so ein Theater zu machen.«

Brunner nickte verhalten. »Wer hat ihn überhaupt hingehängt? Muss ja ein sauberer Kollege sein.«

»Wird nicht gesagt. Es soll allerdings der Gensbacher gewesen sein, der sich ziemlich aufgeregt hat.«

In diesem Moment schwang die Tür zum Flur zurück. Maierhofer zuckte zusammen.

»Ja«, blaffte Gensbacher beim Eintreten. »Der hat sich allerdings aufgeregt! Bloß: Hingehängt hab ich den Ali nicht, damit das klar ist.«

»Hat keiner behauptet«, verteidigte sich Maierhofer.

»Will ich auch keinem raten, okay?«

»Ist ja schon recht, Gensi.« Maierhofer grinste versöhnlich und hob abwehrend die Hände. »Ich seh schon. Heut ist wieder dicke Luft. Muss ich die haben? Eher nicht.«

Er ging.

»Depp«, maulte Gensbacher hinterher.

»Jetzt mach keinen Stress, Gensi«, sagte Brunner ausgleichend. »Aber interesssieren tät mich schon, wieso du dich so aufgeregt hast. War doch bloß ein blöder Witz. Außerdem: Das war doch nach dem Sport neulich, oder? Dann war das doch schon halb privat, wie der Ali das –«

Gensbacher fiel ihm ärgerlich ins Wort: »Halbprivat oder ganz privat ist mir egal. Ich krieg eben einen Kropf, wenn einer meint, Judenwitze erzählen zu müssen. Passt mir nicht, und basta.«

»Was ist ein Judenwitz?«, wollte Türk wissen.

Gensbacher drehte sich zu ihm. »Na, was wohl. Aschenbecher im VW und so. Ist schon allein deswegen strafbar, weil der Schmarren einen Bart hat, wie er länger nimmer geht.«

»Aha?« Türk nickte verstehend. »Aber das ist doch kein Judenwitz.« Er richtete seine Augen wieder auf den Bildschirm.

Die Kollegen starrten ihn an.

»Das ist keiner?«, fragte Öttl verdutzt. »Wieso?«

»Weil so was kein Judenwitz ist, Leute. Das ist ein Naziwitz.«

Öttl atmete aus. »Stimmt«, pflichtete er Türk bei. »Da hast nicht Unrecht. Allerdings ist das eigentlich auch ein Schmarren, weil Nazen und Humor schon gleich gar nicht zusammenpassen.«

»Da hast jetzt du wieder Recht«, räumte Türk ein. »Zum Humor braucht's Hirn.«

»Ich hab den Baier jedenfalls nicht hingehängt«, beharrte Gensbacher.

»Ja, Gensi! Wir glauben's dir ja«, sagte Brunner. »Trotzdem find ich's übertrieben, da gleich so einen Aufstand zu machen. Jeder von uns ist doch auch bloß ein Mensch. Kann doch jedem mal rausrutschen, so was.«

»Soll's aber nicht«, sagte Öttl. »Gibt eben ein paar Sachen, die sich ein Polizist auch einmal verzwicken können muss. Dafür ist er ja Polizist. Sonst kann er ja Komiker werden.«

»Aber der Ali hat sich doch entschuldigt!«, sagte Brunner. »Das muss doch langen, oder?« Er sah Gensbacher an. »Aber wenn du ihn nicht hingehängt hast –«

»Hab ich auch nicht! Kruzifixnocheinmal!«

»Herrgott! Weiß ich doch! Aber wer soll's denn dann gewesen sein?«

Gensbacher zuckte die Schultern. »Da waren noch ein paar Keulen vom Elfer dabei. Ich glaub, eine von denen war's.«

Brunner schnalzte mit den Lippen. »Die muss sich warm anziehen, fürcht ich.«

Gensbacher nickte ernst. »Tja. So was muss man sich halt vorher überlegen. Aber was den Ali dabei betrifft: So was kann halt dabei rauskommen, wenn man zu tief ins Glas schaut. Da setzt's Gehirn gern aus. Er wird sich's merken, hoff ich.«

»Bestimmt.« Brunner war zuversichtlich. »Sein Pech ist halt auch gewesen, dass der Schmarren gleich in die Zeitung gekommen ist. Wär übrigens auch einmal interessant rauszukriegen, wer die Zeitungsschmierer immer wieder mit internen Sachen versorgt.«

»Gibt immer welche, die sich gern wichtig machen wollen«,

meinte Gensbacher. »Wenn du so einem Gschaftlhuber ein Mikrophon unter die Nase hältst, gibt's kein Halten mehr.«

»Geh zu«, sagte Türk. »Bei der Münchner Polizei gibt's doch keine Gschaftlhuber. Wer sagt denn so was Gemeines?«

Öttl lachte leise. Jeder wandte sich wieder der ungeliebten Schreibarbeit zu. Gedämpft war Maierhofers Stimme hinter der Glasscheibe zu hören, die die Telefonzentrale vom Wachraum abtrennte. Vielleicht besänftigte er gerade eine besorgte Mutter, deren sechzehnjährige Tochter sich eine halbe Stunde verspätete. Oder er beriet einen Autofahrer, der seinen Kühlerstern vermisste und wie selbstverständlich erwartete, dass das Jugendzentrum umgehend von einer Hundertschaft umstellt und durchsucht werden würde.

Brunner durchbrach die Ruhe.

»Jedenfalls ist klar, dass der Ali kein Antisemit oder Nazi ist. Oder? Was meinst eigentlich du, Türk?«

»Wär mir jedenfalls ziemlich neu.«

»Eben. Muss doch wirklich nicht sein, einem wegen einem einzigen dummen Spruch gleich weiß was überzubraten.«

»Bei einem, den ich nicht kenn, tät ich dir eher widersprechen.«

»Aber du und der Ali, ihr seids doch ein Team!«

»Eben«, stimmte Türk zu. »Darauf möcht ich ja raus. Wenn's um einen Kollegen geht, auf den man sich normalerweise verlassen kann und vor allem möcht, dass das in Zukunft auch so bleibt, da tät ich's mit einem Anschnauzer gut sein lassen. Aber nachdem ich da nicht gefragt werd, muss er die Suppe wohl selber auslöffeln. Abnehmen kann's ihm keiner.«

Gensbacher sah ihn von der Seite an. »Redst aus Erfahrung, hm?«

»So quasi«, gab Türk kurz angebunden zurück. Er hackte auf die Enter-Taste. Der Rechner hing wieder.

Wieder war nur Maierhofers undeutliche Stimme und das

gedämpfte Rauschen des Verkehrs zu hören, das von der Straße in den Wachraum drang.

»Ausgerechnet der Ali,« fing Brunner erneut an. Er lehnte sich zurück und streckte seine Arme von sich. »Der sich für Politik interessiert wie ein Walfisch für einen String-Tanga.« Er verschränkte seine Hände im Nacken und sah Gensbacher an. »Blöd dahergeredet mag er ja haben, aber ein Nazi oder so was ist er doch nicht. Ist doch ein kompletter Schmarren. Sagst du doch auch, Gensi?«

»Ich glaub's eigentlich auch nicht.«

Brunner gähnte und sah zur Decke. »Nein, der ist schon okay. Ist eben saudumm gelaufen. Überhaupt stinkt mir, dass du heutzutag bloß was gegen den Scharon, oder wie der heißt, sagen musst, und sofort heult alles auf. Oder?« Er sah in die Runde, sich der Zustimmung seiner Zuhörer sicher. »Ich bin echt kein Dings, kein Antisemit. Aber wie sich die Juden da unten derzeit aufführen, das kommt mir schon manchmal so vor, als wär's nicht viel anderes als das, was sie den Deutschen vorwerfen.«

»Na, na«, sagte Öttl beherrscht.

Brunner drehte sich zu ihm.

»Ist doch wahr, oder?«

Öttl ließ seine neunzig Kilo auf dem Drehsessel herumschwingen.

»Das seh ich ein bissl anders, Kollege. Ich tät sogar sagen, dass du einen ziemlichen Schmarren verzapfst, wenn du so was vergleichst.«

Brunner schwieg, von der plötzlichen Entschiedenheit des Kollegen überrascht.

Öttl setzte nach: »Und ein bissl Nachdenken, bevor man das Maul aufmacht, tät dir hie und da auch nicht schaden!«

Gensbacher und Türk beugten sich tiefer über ihre Tastatur. Brunners Gesicht hatte sich verfärbt. »Aber der… die…«

Öttl geriet in Rage: »Und sich vorher zu informieren, kann erst recht nicht so schwierig sein. Wer ist es denn, der die Juden wieder ins Meer treiben will? Und ich hab überhaupt keine Sympathie für Leute, die Halbwüchsigen Bomben umhängen, ihnen weismachen, dass sie Helden sind, und sie dann in die Luft jagen!«

»Ich vielleicht?!«, schnaubte Brunner.

Öttl nickte bräsig. »Dann ist's ja gut!«

Gensbacher drehte sich zu Türk und wies mit einer Kopfbewegung zu Öttl.

»Wie ist denn der heut drauf?«

»Dummes Gered regt mich halt auf«, wehrte sich Öttl.

»Ist das jetzt ein Parteitag da herin oder was?«, giftete Brunner. »Verschon uns mit deinem politischen Schmarren. Ob du dich daheim vor deinem Willy-Brandt-Gedächtnis-Altar hinkniest, ist mir wurscht.«

»Ha-ha-ha. Und das soll spaßig sein?«

»Soll's nicht, Kollege«, griff Gensbacher ein. »Aber wenn ihr streiten wollt, dann geht vor die Tür. Da herin möcht ich meine Ruh. Klar?«

»Jaja«, grummelte Öttl, bereits ein wenig reuig. »Hab schließlich nicht angefangen.«

Gensbacher nickte nachdrücklich. »Genau deswegen hörst jetzt auch damit auf.«

Diese Logik ließ Öttl verstummen.

»Was soll die Keiferei? Ich hör's bis ins Büro hinter.« Der Inspektionsleiter stand im Türrahmen und sah die Beamten scharf an.

»Nix, Chef«, beteuerte Gensbacher.

»Der Käs ist schon gegessen«, fügte Öttl hinzu.

Der Inspektionsleiter nickte misstrauisch. Er hob befehlend die Stimme:

»Türk? Komm mal in mein Büro.«

KAPITEL 16

Schwab deutete auf den Stuhl vor seinem Schreibtisch.

»Türk, hab heut Nachmittag einen Anruf von der Direktion gekriegt. Wegen deiner Schlägerei neulich.«

»Und?«

»Hock dich erst mal hin.«

Türk zog sich den Stuhl heran und setzte sich. Er sah den Inspektionsleiter erwartungsvoll an. Dieser lehnte sich zurück und legte beide Hände auf die Tischkante.

»Und?«, wiederholte Türk. Er saß kerzengerade.

Hatte Schwabs Miene zuvor noch keine Regung erkennen lassen, so wirkte er mit einem Mal zufrieden.

»Wie ich's mir gedacht hab, Türk«, sagte er. »Die wollen da kein Büro aufmachen.«

»Da schau her«, sagte Türk erfreut. »Und wieso?«

»Das haben mir die natürlich nicht direkt sagen können. Aber es schaut ganz so aus, als ob die beiden so genannten Kollegen schon einmal aufgefallen sind.« Schwab schmunzelte. »Aber – unter uns gesagt – noch nie damit, dass sie sich fertigmachen haben lassen, obwohl sie zu zweit waren.«

»Und wie geht's jetzt weiter?«

»Was ich gehört hab, heißt auf deutsch, dass alles intern geregelt werden soll. Und das Beste ist, und jetzt pass auf: Ich soll dich fragen, ob du damit d'accord bist.«

»Ha?«, machte Türk.

»Jetzt schau nicht so blöd. Ich hab in meiner Stellungnahme mehr oder weniger unmissverständlich drauf hingewiesen, dass es Zeugen für den Vorfall gibt. Na? Klingelt's noch immer nicht?«

»Doch«, meinte Türk. »Es heißt, dass ich im Gegenzug mein Maul halten soll, oder?«

»Respekt«, sagte Schwab. »Er hat's erfasst. Genau das ist der Deal, Türk. Hast nochmal verdammtes Glück gehabt, tät ich sagen. Weiß gar nicht, ob du dir's verdient hast.«

Türk betrachtete seinen Handrücken.

»Muss ich mir noch überlegen.«

»Bist du noch bei Trost?«, fuhr Schwab auf. »Jetzt hör mir einmal ganz, ganz gut zu, Türk. Du bist bei uns praktisch auf Bewährung, und du kannst dir denken, dass ich im Detail darüber informiert bin, warum du degradiert worden bist. Du hast – um's mal schonend zu formulieren – gelegentlich die Tendenz, gewisse Vorschriften etwas lockerer zu sehen. Oder, andersrum gesagt: Dein Gerechtigkeitsgefühl deckt sich nicht immer damit, was irgendwelche vertrockneten Juristen, die vom Leben keine Ahnung haben, in den entsprechenden Ausschüssen festgelegt haben. Kannst du mir soweit folgen?«

»Ich geb mir Mühe.«

Schwab schmunzelte. »Du bist noch immer ein hochnäsiges Arschloch.«

»Ich kann mir nicht helfen, Schwab. Aber immer wenn du das sagst, hört sich das wie ein Kompliment an.«

»Das verstehst du möglicherweise grundfalsch. Ich bin noch nicht fertig. Fakt ist nämlich, dass das, was du dir seinerzeit geleistet hast, normalerweise die sofortige Entlassung nach sich gezogen hätt. Ist dir das klar?«

»Mittlerweile schon«, sagte Türk. »Aber du bist noch immer nicht ganz fertig, oder?«

»Erfasst, Türk. Und drum pass jetzt einmal gut auf: Ich werd einfach das Gefühl nicht los, dass du noch immer nicht wirklich kapiert hast, was deine Degradierung bedeutet. Nämlich, dass du nicht mehr bei der Kripo, sondern bei der hundsnormalen Schutzpolizei bist. Und dass du dich weiters mit allen Aktivitäten, die darüber hinausgehen, gewissermaßen in Widerspruch zur Struktur der Münchner Polizei begibst. Zu einer Struktur, die vor allem denen, die sie entworfen haben, ungefähr so heilig wie die zehn Gebote sind.«

»Als ob mir das nicht klar wär.«

»Da hab ich eben so meine Zweifel. Weil du leider, so wenig du sonst auf den Kopf gefallen bist, oft ein paar entscheidende Dinge zu übersehen scheinst. Drum lass es dir anders erklären: Wenn mir beispielsweise zu Ohren kommen sollte, dass du wieder einmal deine Grenzen überschreitest und in Bereiche reinpfuschst, die Sache der Kripo sind, dann garantiere ich dir, dass das Konsequenzen haben wird. Sowohl von meiner Seite, aber noch viel mehr von Seiten der Kripo.«

Türk tat gleichgültig. »Leuchtet ein. Aber die Richtung ist noch nicht klar.«

»Tu doch nicht so begriffsstutzig! Ich hab dir doch grad versucht zu erklären, dass die Sache mit den beiden Hau-Drauf-Typen denen da oben lästig ist. Wenn du dich also durchringen könntest, ein bisserl flexibler zu sein –«

»– und bestimmte Vorfälle zu vergessen –«

Schwab nickte väterlich, »– dann tätst du erstens ein paar Leute sehr glücklich machen und hättest zweitens ein ziemliches Pfund in der Hand. Was wieder andersrum heißt: Wenn es wieder einmal ein Problem geben sollte, dann hättest du wenigstens einen besseren Stand. Und den kannst du brauchen, weil es durchaus auch Leute gibt, die jemanden wie dich am liebsten loswerden wollen. Hab ich mich verständlich ausgedrückt?«

»Aber die zwei Typen –«

»Türk!!«, bellte der Inspektionsleiter los. »Diese zwei Typen haben erstens von dir schon ihr Fett gekriegt, und zweitens auch von oben ihren Anschiss kassiert! Ob er ausreichend war und ob's was nützt, bezweifle ich zwar, ist aber eine andere Frage. Ich mein jedenfalls, dass du es gut sein lassen kannst. Der Käs ist es nicht wert, dass man ihn breiter tritt. Vergiss außerdem nicht, dass ich drauf geeicht worden bin, ein Aug auf dich zu haben, was ich durchaus habe. Bild dir bloß nicht ein, dass ich dir alles durchgehen lasse. Ich bin kein sentimentaler Trottel. Nur weil du hin und wieder Probleme damit hast, kein Kripo-Mann mehr zu sein, werde ich mich nicht in die Nesseln setzen, dazu ist mir mein Arsch zu schade.« Ruhiger fuhr er fort. »Wenn du aber jetzt meine, nennen wirs mal ›dringende Empfehlung‹ befolgst, dann würd's mir leichter fallen, meine Optik gelegentlich ein bisserl weniger scharf einzustellen. Capito?«

»Capito.«

»Na endlich.« Der Inspektionsleiter lehnte sich zufrieden zurück. »Übrigens – weil wir grad beim Stichwort ›Optik‹ waren –, hast du in letzter Zeit zufällig wieder mal was mit deinem speziellen Freund und ehemaligen Kollegen von der Kripo zu tun gehabt?«

»Redest du vom Schranz?«

Der Inspektionsleiter ließ Türk nicht aus den Augen. »Von dem, der jetzt auf deinem Posten hockt und der dich bei deiner Verhandlung reinrasseln hat lassen, von wem sonst! – Also? Hast du mit ihm was zu tun gehabt? Oder mit irgendjemand anderem von der Kripo?«

»Bloß zufällig. Ich bin neulich auf der Beerdigung von einem Nachbarn gewesen. Und da hab ich mitgekriegt, wie der Reiter einen verhaften hat lassen.«

Schwab kniff die Lider zusammen.

»Soso. Ist es da zufällig um den Losswitz-Fall gegangen?«

Türk versuchte, seine Stimme unbeteiligt klingen zu lassen: »Ja. Ich hab's danach mitgekriegt. Wieso fragst du?«

»Wieso wohl. Weil deine Anwesenheit durchaus notiert worden ist.« Schwab beugte sich vor und sah Türk ins Gesicht. »Die Wahrheit, Türk: War's wirklich Zufall?«

»Der reinste.«

Schwab durchbohrte ihn mit einem argwöhnischen Blick. Türk hielt ihm stand. Es war tatsächlich Zufall gewesen. Und nur danach war er gefragt worden.

»Na gut«, sagte Schwab. »Dann schwing dich wieder rüber, du Dickschädel.«

KAPITEL 17

Als Türk den Funkraum passierte, winkte ihn der Dienstgruppenleiter herein.

»Hat's dem Öttl vorhin ein bissl den Vogel rausgehaut, was?«, fragte er. »Kenn ihn eigentlich gar nicht so giftig.«

»Man darf's ihm nicht übel nehmen«, sagte Türk. »Ist wohl so ein Punkt, wo er empfindlich ist. Er ist halt aus einer Generation, die noch mehr mitgekriegt hat als wie unsereins. Dem Gensbacher hat er jedenfalls mal erzählt, was sein Alter im Krieg hat durchmachen müssen.«

»Ist halt doch ein Sozi.«

»Und wenn? Aussterbende Rassen muss man schützen«, scherzte Türk. »Im Ernst – ich glaub, in erster Linie ist er einfach der Öttl Fritz.«

»Ein Original, willst sagen.« Der Dienstgruppenleiter lachte. »Ich sag ja auch nicht, dass man ihm was übel nehmen soll. Aber was mir stinkt ist, dass die Sozen allerweil so tun, als hätten's die Weisheit mit Löffeln gefressen. Und was ist, wenn's dann an der Regierung sind? Schau dir doch an, was die da fabrizieren.«

»Stimmt«, musste Türk zugeben. »Aber dass es die anderen besser machen, da hab ich auch meine Zweifel.«

»Du meinst aber jetzt nicht, dass aus was Schlechtem was Gutes wird, nur weil es was noch Schlechteres gibt?«

Türk sah ihn verblüfft an. »Du wirst mir ja glatt noch zum Philosophen, Maierhofer.«

»Nein. Ich probier bloß, mir so was wie einen gesunden Menschenverstand nicht komplett abkaufen zu lassen. Verstehst? Mir kommt's einfach vor, als tät der Unterschied zwischen den Schwarzen und den Roten immer kleiner werden. Und drum kann mir die Politik gestohlen bleiben, ich sag's dir ehrlich. Ich bin in der Gewerkschaft und zahl meinen Beitrag, für alles andere sind mir meine Zeit und meine Nerven zu schad.«

»Mir eigentlich auch«, bekannte Türk. »Sag lieber: Gibt's was Neues in dem Fall mit diesem Bauunternehmer?«

Maierhofer lachte. »Streit's nicht ab: Du bist wieder mal unterbeschäftigt, stimmt's?«

»Ach woher«, widersprach Türk. »Wie oft soll ich dir noch sagen, dass es mich bloß interessiert, weil da –«

»– ein Nachbar in U-Haft sitzt, jaja«, ergänzte Maierhofer. »Aber da gibt's nichts Neues. Der, den sie verhaftet haben, wird's wohl auch gewesen sein. Das meint ausnahmsweise nicht bloß dein Freund Horst Schranz, sondern die gesamte Mordkommission.«

»In andere Richtungen wird gar nicht ermittelt?«

»Nicht mit Hochdruck, tät ich sagen.«

»Also gar nicht.«

»Die Indizien sind ja auch so was von eindeutig. Die MK baggert zwar noch, um ein Geständnis zu kriegen. Aber auch ohne das ist der Kerl schon so gut wie überführt, glaub mir's. Es gibt überhaupt keinen Hinweis auf etwas anderes, auf einen anderen Täter, geschweige denn auf einen Unfall. Das Opfer ist betäubt worden, bevor es in den Schacht gesegelt ist und sich den Hals gebrochen hat.«

»Weiß ich. Mit was ist er eigentlich betäubt worden?«

»Na, du fragst mich was. Mit dem Üblichen wahrscheinlich. KTU und Obduktion sind sich jedenfalls angeblich einig, dass ihm jemand etwas auf die Nase gedrückt haben muss. Ein Motiv scheint's auch zu geben: Der Dings, der –«

»Losswitz«, half Türk.

»– der soll den, den sie verhaftet haben, zu ruinieren versucht haben.«

»Das ist das Motiv?«, sagte Türk zweifelnd. »Wenn jeder den anderen deswegen gleich umbringen tät, dann hätten wir viel zu tun, oder?«

»Stimmt auch wieder. Du möchtest drauf raus, dass dir das Motiv nicht zwingend genug ist?«

»Es ist mir eher eine Spur zu – na, wie sag ich – zu schlüssig.«

Maierhofer grinste.

»Kommt da der alte Kripomann wieder raus? Bauchgefühl und so?« Er kam Türks Antwort zuvor. »Mach mir nichts vor! Ich kenn dich ja mittlerweile ein bissl. Gib halt zu, dass es dir wieder mal langweilig bei uns ist. Ich kann's verstehen. Aber in diesem Fall bist du nach allem, was ich mitkrieg, gewaltig auf dem Holzweg. Ich schlag vor: Vergönn dem Schranz und dem Reiter doch mal, dass sie Recht haben. Ist gut für die Gesundheit, glaub's mir.«

»Schön, wie du dich um mich sorgst.«

»Gern geschehen, Herr Kollege.«

Maierhofer schwang wieder an den Tisch zurück. Türk stand schon an der Tür, als ihm der Dienstgruppenleiter nachrief:

»Diesem Verdächtigen übrigens, Türk, dem soll der Mord auch deswegen zuzutrauen sein, weil er früher schon mal eingefahren ist. Und zwar nicht unbedingt deswegen, weil er auf dem Oktoberfest ans Zelt gebieselt hat. Ganz ohne soll der jedenfalls nicht sein.«

Türk drehte sich mit einem Ruck um. Maierhofer grinste süffisant.

»Na? Den Eindruck, dass es den Herrn Ex-Kriminaler eigentlich gar nicht, höchstens bloß ein bissl nebenher interessiert, macht er mir irgendwie überhaupt nicht.«

»Der… der Lamm war schon einmal im Gefängnis?«

»Jetzt stress nicht, Türk! Hab ich fast vergessen. Hab ja auch noch was anderes zu tun, oder?«

»Maierhofer!«, stöhnte Türk. »Red endlich!«

»Also: Der Typ muss nämlich früher ein ziemlich wilder Hund gewesen sein, politisch mein ich. Hat an die acht Jahre für einen Bombenanschlag gekriegt und hat sie auch fast bis zum Schluss abgehockt.« Maierhofer kostete seinen Wissensvorsprung genüsslich aus. »Ein unbescholtenes Blatt ist er auf jeden Fall nicht. Er soll zwar so tun, als könnt er kein Wässerl trüben, aber den Zahn haben sie ihm gezog –« Die Einsatzzentrale meldete sich. Der Dienststellenleiter gab Türk ein Zeichen. »Bleib da. Könnt sein, dass ihr gleich dran seid.«

KAPITEL 18

Die beiden alten Damen warteten bereits auf der Straße, als Türk und Gensbacher eintrafen.

»Ganz ruhig«, sagte Türk. Er warf die Wagentüre hinter sich zu. »Wer von Ihnen hat angerufen?«

Die Energischere der beiden Nachbarinnen sah zu ihm hoch.

»Ich bin die Frau Böglmüller«, haspelte sie. »Ich bin's gewesen, ich hab angerufen. Wir machen uns Sorgen.« Sie holte die Zustimmung ihrer Freundin ein. »Gell, Erna?«

Erna war eine magere Frau mit gepflegt ondulierter Frisur. Sie nickte. »Ich wohn daneben, die Gerda auf vis-a-vis. Also, Sie, Herr Wachtmeister, ein Radau ist das gewesen, kaum noch zum Aushalten.«

Gensbacher hatte das Auto umrundet und sich neben Türk gestellt.

»Radau welcher Art?«, fragte er. »Schreie, laute Musik und so?«

Die beiden Frauen schüttelten synchron den Kopf.

»Nein. So ein Scheppern und Krachen«, sagte Frau Böglmüller, und Erna ergänzte:

»Aber so laut, als tät gleich das ganze Haus zusammenfallen. Gell, Gerda?«

»Wie bei einer Schlägerei?«

»Schlägerei?« Erna überlegte. »Nein. Stimmen haben wir keine gehört. Oder, Gerda?«

Frau Böglmüller bestätigte es.

Türk sah fragend in die Richtung, in die die beiden Frauen gedeutet hatten.

Das einstöckige 30er-Jahre-Haus mit dem handtuchgroßen, überwucherten Vorgärtchen lag friedlich da.

»Da drin? Ist aber nichts zu hören?«

Frau Bögelmüller hielt ihre Strickweste vor ihrem Hals zusammen.

»Vor ein paar Minuten hat es aufgehört. Seitdem ist er ganz still.«

»Wer ist ›er‹?«, erkundigte sich Türk.

Erna erklärte: »Der Herr Doktor. Kein Arzt. Irgendwas mit Philosophie oder Soziologie, glaube ich. Wohnt schon lange da. Hat allweil freundlich Grüßgott gesagt, sehr gebildet und –«

»– kultiviert«, half Gerda aus. »Wenn auch in letzter Zeit ein bissl runtergekommen. Sie wissen schon, schlampig frisiert, gelbe Finger, das eine oder andere Mal wohl auch ein bissl zu tief ins Glas geschaut.«

»Allein?«

Die beiden Frauen wechselten einen kurzen Blick.

»Seine Frau ist ihm auf und davon«, wusste Gerda. »Ist auch schon gute zehn Jahre her. Seitdem lebt er einschichtig.«

»War ja auch eine –«, Erna verbiss sich eine unfreundliche Bezeichnung. »Also, mir ist sie jedenfalls nicht sympathisch gewesen, die eingebildete Urschel. Meinens, die hätt ihm einmal die Fenster geputzt? Pfeifendeckl! Hat er alles selber tun müssen, der arme Lapp. Ich hätt so einer ja was erzählt, oh!«

Gensbacher winkte ab. Er sah noch immer auf das Haus.

»Ja, aber, wie gesagt: Wir hören nichts. Sie haben sich das nicht bloß eingebildet?«

Ernas Augen hinter ihren Brillengläsern blitzten empört.

»Also, so verkalkt sind wir auch noch nicht!«

»Hat er nicht behauptet«, beschwichtigte Türk.

Auch Gerda hatte ihre zierlichen Fäuste in die Hüfte gestemmt.

»Wir haben doch gesagt, dass es erst vor ein paar Minuten aufgehört hat!«

Gensbacher sah Türk unschlüssig an. »Was machen wir?«

»Ich hab Angst, dass etwas passiert ist«, warf Gerda besorgt ein. »Gell, Erna?«

Türk horchte auf. »Was meinen's denn damit?«

Frau Böglmüller senkte ihre Stimme: »Dass er sich was angetan hat.«

Die beiden Beamten wechselten einen raschen Blick. Türk winkte.

»Na gut. Wir schauen nach.«

»Ja, aber bittschön!«, rief ihnen Frau Böglmüller hinterher. »Als ob wir nichts Besseres zum Tun hätten! – Gell, Erna?«

Gensbacher sah ärgerlich über die Schulter. »Sie warten da, klar?«, befahl er. Türk drückte das verwitterte Gartentor auf. Auf der gegenüberliegenden Straßenseite blieb ein älterer Herr im Jogginganzug stehen, einen Pudel an der Leine. Beide gafften sie herüber.

Weder auf das Klingeln noch auf das Klopfen der Beamten öffnete sich die Vordertür. Die Rollos der Erdgeschossräume waren geschlossen. Kein Laut drang aus dem Haus. Der rückwärtige Ausgang, der zu einem winzigen Garten führte, war dagegen nicht verschlossen. Auf das wiederholte »Polizei! Ist da jemand?« kam noch immer keine Antwort. Türk tastete nach dem Lichtschalter. Es blieb dunkel. Sie machten ihre Handlampen an. Türk sicherte. Vorsichtig drückte Gensbacher die Türe auf und verschwand im Inneren des Häuschens. Türk folgte ihm.

»Ja, spinn ich…«, murmelte Gensbacher nach wenigen

Schritten. Er schob seine Mütze in den Nacken. »Ist ja wie Dresden fünfundvierzig.«

Doktor Mohr hatte seine Wohnung zu Kleinholz gemacht. Er sah nicht auf, als die beiden Beamten das Wohnzimmer betraten und ihre Lampen auf ihn richteten. Das Gesicht mit den Händen bedeckend, saß er inmitten einer Halde kaputten Mobiliars, verstreuter Papiere, zerfledderter Bücher und zerbrochenen Geschirrs. Die Türen der massiven Schrankwand waren herausgerissen, die Kassettenfüllungen zerbrochen. Wo die Lampe gehangen hatte, gähnte ein Loch in der Decke, im Sofa klaffte ein mächtiger Riss, und unter den Schuhen der Beamten knirschten Glassplitter, als sie sich dem Doktor näherten.

»Lassen Sie mich zufrieden«, flüsterte Mohr.

»Was haben denn Sie gemacht«, sagte Gensbacher fassungslos.

Mohr hob mühsam den Kopf. »Sehen Sie doch«, sagte er, um mit mattem Trotz hinzuzufügen: »Fragen Sie doch nicht so blöde.«

»Wo ist der Stromkasten?«, fragte Türk. Er musste es wiederholen, bevor er eine Antwort bekam.

»... Flur ...«

Die Sicherung des Wohnzimmers schoss spratzend wieder zurück, als Türk sie drückte. Die des Badezimmers reagierte. Ein schwacher Lichtschein drang über den Flur in das Wohnzimmer.

»Sind Sie das gewesen?«, fragte Gensbacher, noch immer baff. »Ja, sagen's einmal – sind Sie wahnsinnig?«

Der kleine Mann hielt die Augen geschlossen. Er schniefte auf.

»Ist ... alles mein Eigentum, keine Sorge.«

»Aber warum?!«

»Das geht Sie nichts an«, murmelte der Doktor. Er fuhr sich mit der Linken über die verwühlt abstehenden Haare.

»Das geht uns sehr wohl was an!«, fuhr ihn Gensbacher an.

»Reg dich ab, Gensi«, sagte Türk leise. Er griff sich das Beil, das neben dem Verrückten auf dem Boden lag, und verstaute es hinter sich.

Jetzt kam ein wenig Leben in den Unglücklichen.

»Ich sagte: Das ist mein Eigentum!«, krähte Mohr eigensinnig, und noch immer an ihnen vorbeisehend. »Und mit seinem Eigentum kann man machen, was man will, ja? Das Eigentum ist das höchste Gut unserer Gesellschaft.«

Türk schnüffelte.

»Sie haben ein bissl getankt, was?!«

»Mein Körper ist ebenfalls mein Eigentum«, rief Mohr mit kindischem Trotz. »Mit dem kann ich ebenfalls machen, was ich will, ja?!«

»Ahja? Und für so was muss man extra studieren?«, versetzte Gensbacher ätzend. »Ich glaub, Sie haben's nicht mehr alle! Das Beste wird sein, wir rufen gleich in der Psychiatrischen an!«

»Lass«, sagte Türk leise, schob seinen Kollegen zur Seite, ging in die Hocke und beugte sich zu Mohr.

»Was ist passiert, Herr Doktor?«, fragte er ruhig.

Mohr drehte ihm stumm sein verwüstetes Gesicht zu. Sein Kinn begann zu beben. Schließlich würgte sich ein Schluchzen aus seiner Kehle. Mit einer heftigen Bewegung vergrub er erneut sein Gesicht in seinen Händen. Seine Schultern zuckten.

Sein Leben war aus dem Gleis geraten. Einst ein brillanter Denker und Star auf allen Wissenschaftspodien, hatte sich nach und nach seine Unfähigkeit herausgestellt, seine Intelligenz auch in seiner Lebenspraxis walten zu lassen. Er wähnte sich lange auf dem Sprungbrett zu einer akademischen Karriere. Doch seine Sucht, alles bis in den letzten Aspekt durchzugründeln und dabei nie zu einem Ende kommen zu können, musste sich irgendwann herumgesprochen haben. Obwohl er versuchte, sein ewiges Räsonnieren als Attitüde des dialektisch Denkenden zu begründen, nervte er schließlich nur noch. Seine immer verschwurbelter werdenden Gedankengebäude äußerten sich im Privaten als massive Entscheidungsschwäche, die die Menschen in seiner Umgebung krank zu machen begann.

In der Liebe hatte er Pech. Während des Studiums konnte er sein Ego durch die eine oder andere Liebschaft zwar durchaus aufpolieren – er galt schließlich etwas. Doch bei jenen jungen Frauen, die ihm ehrlich zugetan waren, hatte er deren arglos dargelegte Schwächen mit derart schonungsloser Präzision seziert, dass sie heulend das Weite suchten.

Schließlich blieb er bei einer aufgeweckten Assistentin hängen. Ihre hinreißende Sinnlichkeit faszinierte ihn – es gab also offenbar doch noch Dinge, die sich in seine klingenscharfe Weltsicht nicht umgehend einordnen ließen. Sie jedoch war eher praktisch veranlagt. Im Ziel ihrer Lebensplanung stand eine ordentlich abgefederte Existenz als Professorengattin. Als kein Zweifel mehr bestand, dass sich diese Perspektive nicht einlösen würde, bekam sie es mit der Angst zu tun. Sie stieg aus.

Ihm war, als habe man mit einem scharfzackigen Messer einen Teil von ihm herausgeschnitten. Er verstand nichts mehr. Er musste sich betäuben. Ein Hörsturz fällte ihn, da war er noch keine fünfzig. Er überstand die Krise, kam jedoch nicht mehr auf die Beine.

Die ihm von alten Freunden gelegentlich zugeschusterten Projekte blieben aus. Das Geld wurde knapp. Sein Selbstbewusstsein schrumpfte dahin, ein alberner Stolz wuchs sich zu gefährlicher Selbstüberschätzung aus; und immer verzweifelter klammerte er sich an die Hoffnung, doch noch Karriere zu machen.

Schließlich war er pleite. Und dann flatterte ihm die Kündigung ins Haus. Er protestierte. Prozessierte.

Schließlich musste er aufgeben.

Er wischte sich mit dem Handrücken über die nassen Wangen und sagte gebrochen: »Ich… ich werde morgen zwangsgeräumt.«

Türk und Gensbacher sahen sich an.

»Ich habe keine neue Wohnung. Ich werde in eine Pension ziehen müssen, verstehen Sie? – Nehmen Sie mich jetzt mit?«

Türk stemmte sich aus der Hocke. Er schüttelte den Kopf. »Nein. Sie haben's ja selbst gesagt: Es ist Ihr Zeug. Was der Vermieter dazu sagt, ist eine andere Sache. Aber wenn's Ihnen sonst soweit noch gut geht? Oder sollen wir den Notarzt rufen? – Nein?« Er stand auf. »Aber sagen Sie: Warum werden Sie eigentlich geräumt?«

Mohr schniefte. »Weil ich… ich habe die Miete eigenmächtig gekürzt. Seit das Haus von einer neuen Verwaltung übernommen worden ist, ist nichts mehr gemacht worden. Als schließlich Schimmel von einer Dachrinne hereindrang, habe ich gesagt: Ich zahle so lange weniger, bis das gemacht wird.« Ein leises Aufbäumen glitzerte in seinen Augen. »Er macht das mit Absicht! Er will das Haus leer haben, damit er es abreißen und seine verdammte Wohnanlage bauen kann.«

»Wer ist ›er‹?«, fragte Türk.

»Losswitz«, sagte Mohr leise. »Der Verräter.«

Türk schluckte. Er fühlte, wie ein leichter Schauder seinen Rücken emporkroch.

»Losswitz? Ist das nicht der Typ, den sie neulich umgebracht haben?«, fragte Gensbacher arglos.

Türk nickte, ohne seine Augen von Mohr zu lassen. Dieser hatte mit offenem Mund zugehört.

»Er… er ist tot?«, stammelte er. »Losswitz? Gerd Losswitz?«

»Ja. Er ist ermordet worden. Haben Sie das nicht in der Zeitung gelesen?«

»Aber nein!« Der Doktor schöpfte Hoffnung. »Dann... dann kann man das ja noch.... ich meine, vielleicht ist die ganze Sache ja dann hinfällig, oder?«

Gensbacher zuckte ratlos mit den Schultern. Mohr stemmte sich schwerfällig hoch.

»Ich sollte vielleicht meinen Anwalt...?... oder?«

»Wenn Sie einen haben? Aber ob der jetzt noch da ist?«

»Herrn Demmer kann man auch privat anrufen«, sagte der Doktor entschlossen. Er sah um sich, stakste durch das Gerümpel, fischte das Telefon unter einer umgestürzten Anrichte hervor und hob den Hörer. Er ließ den Kopf hängen.

»Kaputt«, murmelte er.

»Versuchen Sie's halt morgen früh«, riet Gensbacher. »Heut Nacht kann er eh nichts mehr machen.«

Türk pflichtete ihm bei. Er wandte sich zu Gensbacher.

»Vielleicht können wir unsererseits noch das Gericht benachrichtigen, was meinst?«

Gensbacher hob die Schultern.

»Wir können's der Frühschicht ja sagen, aber –«

Mohrs Augen leuchteten auf. »Das... das könnten Sie tun?«

»Aber machen Sie sich keine Hoffnung«, dämpfte Türk. »Wenn das schon durch alle Instanzen gegangen ist, schaut's schlecht aus.«

»Das ist mir klar!« Etwas von Mohrs früherem Widerstandsgeist schien dennoch zurückgekehrt zu sein. »Ich danke Ihnen!«

Gensbacher streckte sich. Er ließ seinen Blick ein letztes Mal über das Chaos schweifen und ging in den Flur voraus.

»Ich werd mal die Nachbarinnen draußen beruhigen«, sagte er. »Wiederschaun, Herr Doktor.«

Mohr erwiderte den Gruß. Er wirkte wie ausgewechselt. Aufgeregt wieselte er im Raum umher und schickte sich an, wieder Ordnung zu schaffen.

Die Hintertür fiel dumpf ins Schloss. Gensbachers Schritte entfernten sich.

»Warum haben Sie Losswitz einen Verräter genannt, Herr Doktor?«

»Weil er einer ist«, gab Mohr zurück, ohne seine Arbeit zu unterbrechen. »Ich jedenfalls weine ihm keine Träne nach. Das dürfen Sie mir glauben.«

Türk griff seinen Arm. »Ich hab Sie gefragt: Warum?«

Der Doktor hielt inne und sah Türk verwundert an. Er machte sich frei.

»Weil ich diesen Dreckskerl schon länger kenne.« Er verzog den Mund zu einem bitteren Grinsen. »Möchten Sie auch noch wissen, woher? Ich sage es Ihnen: Ich war früher Mitglied der SPD. Bis Anfang der Achtziger – wenn Sie's genau wissen wollen, bis zum berühmt-berüchtigten Nato-Doppelbeschluss. Und da habe ich ihn kennen gelernt. Wir haben uns gut verstanden. Er war ein sehr engagierter Genosse, der sich besonders in der Mieterberatung hervorgetan hat. War damals bekannt wie ein bunter Hund, Engel der Mieter und so. Na, was sagen Sie dazu?«

»Die Partei scheint er ja danach gewechselt zu haben.«

»Stimmt. Ein paar Monate, nachdem er bei der Aufstellung zum Stadtrat durchgefallen ist. Er war stinksauer.«

»Und wieso ist er durchgefallen?«

»Halten Sie sich fest: Weil ausgerechnet er im Verdacht stand, zu links zu sein! Irgendein Konkurrent hat nämlich ausgestreut, dass Losswitz in den Siebzigern Mitglied einer K-Gruppe gewesen ist.«

»K-Gruppe?«

»Ja. So wurden damals alle Neo-Kommunisten genannt.

Kommunistischer Bund und wie sie alle hießen. Wissen Sie das denn nicht mehr?«

»War vor meiner Zeit«, sagte Türk. »Aber – ist das bloß so ein Gerücht gewesen, um ihn abzuschießen?«

»Ich kann es Ihnen nicht sagen. Möglich ist es aber durchaus, dass er sich bei einer dieser Gruppen herumgetrieben hat. Damals hat schließlich jeder, der auf sich hielt, den Revoluzzer gespielt. Wenn Sie sich die Vergangenheit so mancher heutigen Führungskräfte ansehen würden, kämen Sie aus dem Staunen nicht mehr heraus.«

Türk sah zur Seite. »Das könnt gut sein«, sagte er. »Sehr gut sogar.«

Gensbacher meldete sich.

»Wenn du bei dem übernacht bleiben willst, sagst mir schon Bescheid, okay?«, schnarrte es aus dem Sprechgerät.

Türk verabschiedete sich. Auf der Schwelle zum Flur drehte er sich noch einmal um.

»Eine Frage noch, Herr Doktor. Sagt Ihnen der Name ›Lamm‹ was?«

»Lamm? Wie das Lamm? – Nein. Wieso?«

»War nur eine Frage. Gibt's ja manchmal.«

»Was?«

Türk grinste schief.

»So seltsame Zufälle, meine ich.«

KAPITEL 19

Friedl hatte sich zu Herzen genommen, was ihm Türk nahe gelegt hatte. Die Wohnung sei zu klein, um noch einen regelmäßigen Schlafgast zu verkraften. Der Junge war nicht beleidigt gewesen und hatte durchblicken lassen, dass es in Pattys Wohngemeinschaft eh viel lockerer zugehe.

Türk hatte beinahe wieder auflegen wollen, als Friedl endlich an sein Handy ging.

»Onkel Joseph?«, grunzte er schlaftrunken »Du? Was –«

»Wach gefälligst auf, Friedl! Dalli!«

»Ist doch erst Viertel nach sechs«, maulte der Junge.

»Sperr deine Löffel auf: Du bist bei deinem Pumuckl, oder?«

»Was?«

»Bei der Patty!«

»Ahso. Ja… was –?«

»Du weckst sie sofort auf und sagst ihr, sie soll auf der Stelle ins *Café Frischhut* rüberkommen!«

»Waas?!«

»Bist du taub? Marsch. Weck sie auf. Ich bin in ungefähr einer halben Stunde da.«

»Die… die bringt mich um. So früh.«

»Wirst es überstehen. Um was es geht, wird sie sich ja denken können.«

Friedl versuchte einen letzten Protest.

»Aber wieso denn so früh, Onkel?«

»Weil's wichtig ist! Und jetzt tu, was ich dir gesagt hab. Ende.«

Türk warf den Hörer auf die Gabel.

Nicht Ende, dachte er.

Jetzt würde es erst richtig losgehen.

KAPITEL 20

Patty erwartete ihn bereits. Sie winkte ihm, als er sich einen Weg durch den dicht gefüllten Hinterraum des Cafés bahnte. Er setzte sich neben sie und erwiderte ihr kleines, verschlafenes Lächeln nicht.

»Dein Vater war früher mal im Gefängnis? Warum sagst du mir so was nicht?«

Ihre Augen wurden groß. Sie umklammerte ihre Kaffeetasse.

»Weil –«

»Warum?!«

Sie zog die Schultern zusammen und umklammerte ihre Tasse.

»Weil ich Angst gehabt habe, dass Sie einen falschen Eindruck kriegen.«

Eine aufgeweckte Bedienung fragte nach seinem Wunsch. Türk bestellte einen Kaffee. Sie nickte freundlich und verschwand. Türk beugte sich zu ihr.

»Jetzt hör mir einmal gut zu. Wenn ich irgendwas für deinen Papa tun soll, dann brauch ich sämtliche Informationen, ist das klar? Und nicht bloß die, die dir in den Kram passen.«

»Entschuldigung«, sagte sie reuevoll.

Türk war schnell besänftigt. Er sah argwöhnisch um sich, beugte sich noch weiter über den Tisch und sagte mit gedämpfter Stimme. »Also, dann raus damit: Dein Papa hat vor ungefähr dreißig Jahren eine Bombe hochgehen lassen. Was weißt du davon?«

»Nicht viel. Er hat nicht gern darüber geredet.«

»Gegen wen war der Anschlag gerichtet?«, drängte Türk. Abwesend bedankte er sich bei der Bedienung, die den Kaffee gebracht hatte. »Es war doch was Politisches, nehm ich an, oder?«

Sie nickte. »Gegen die Niederlassung einer amerikanischen Firma. Den Namen weiß ich aber nicht.«

Er setzte die Tasse an und nahm einen Schluck.

»Wieso gegen diese Firma?«

»Es ... die hat irgendwas mit Chile zu tun gehabt.«

»Geht's nicht ein bissl genauer?«, schimpfte er leise. »Muss ich dir alles aus der Nase ziehen? Streng dich an.«

»Tschuldigung. Bin noch müd.«

Türk lehnte sich zurück und sah sie mürrisch an.

»Was meinst, was ich bin? – Also? Was ist mit Chile?«

»Diese Firma soll irgendwas mit dem Putsch damals zu tun gehabt haben.«

»Was für einen Putsch schon wieder?«

Sie nippte von ihrer Tasse. Türk bemerkte, dass ihre Hände leicht zitterten. Sie tat ihm Leid. Zögernd fuhr sie fort: »Allende hat der, glaub ich, geheißen, den sie damals gestürzt haben.« Sie wurde lebhafter. »Ja, jetzt fällt's mir wieder ein: Das war ein Sozialist, und er hat amerikanische Firmen in Chile enteignet. Draufhin ist er erschossen worden. Oder so.«

»Hm«, machte Türk. Er erinnerte sich schwach. Er beugte sich wieder zu ihr und senkte die Stimme: »Hat's bei diesem Anschlag damals Tote oder Verletzte gegeben? Ich frag das, weil die Strafe doch ganz schön saftig gewesen ist.«

Sie schüttelte entschieden den Kopf. »Sie haben den Anschlag telefonisch angekündigt. Ein Wachmann hat sich geschnitten, als er die Scherben wegräumen wollte. Das hat mir die Mama mal erzählt. Sie ist damals noch mit ihm zusammengewesen.«

»Also keine Opfer«, folgerte Türk. »Aber trotzdem war die Strafe so hoch?«

Patty zuckte matt die Schultern. »Weiß doch auch nicht…«, flüsterte sie.

»Hat dein Papa den Anschlag damals eigentlich allein ausgeführt?«

»Ja.«

»Bist du sicher?«, hakte Türk nach. »Weißt du das von ihm selber?«

Sie schob eine Strähne hinter ihr Ohr.

»Ja«, sagte sie.

KAPITEL 21

Demmer zog einen Teebeutel aus der Tasse, ließ ihn austropfen und verstaute ihn umständlich am Rand der Untertasse. Er schnaubte leise.

»Natürlich erinnere ich mich an die Sache. Es war eine idiotische Aktion. Logistisch und technisch miserabel ausgeführt. Ohne jegliche Perspektive, nur Ausdruck blinder Empörung. Es hat keine zwei Tage gedauert, bis man ihm auf die Spur gekommen ist. Alle diese Zirkel damals waren ja von Spitzeln durchseucht. Darf ich Ihnen einen Tee anbieten?«

Türk hob abwehrend die Hand.

»Aber Sie sehen müde aus, wenn Sie mir diese Bemerkung erlauben.«

Türk überhörte es. »Was für ein Zirkel ist das gewesen?«

Der Anwalt trank schlürfend. »Es war gewissermaßen der militante Arm des Chile-Befreiungs-Komitees. Um die vielen prominenten Unterstützer nicht zu verprellen, haben sich ein paar Komitee-Mitglieder zu dieser Konstruktion entschlossen. Die Gruppe hat nicht lange existiert, denn natürlich war der Staatsschutz informiert.«

»Die Strafe für Herrn Lamm war ziemlich hoch, nicht wahr?«

Demmer nickte. »Das ist richtig, Herr Türk. Die Strafe war sogar für damalige Verhältnisse ungewöhnlich hoch. Auch in den bürgerlichen Zeitungen stand, dass sie maßlos sei. Dabei hat es keine Opfer gegeben, nur geringen Sachschaden. Nein, es waren zwei Dinge, die ihm zum Verhängnis geworden sind. Erstens, dass bei seiner Verhaftung ein Schuss gefallen ist –«

Türk schnitt ihm das Wort ab. »Hat Lamm geschossen?«

»Davon ging man aus, obwohl man es ihm nie endgültig nachweisen konnte.«

»Haben Sie ihn damals verteidigt?«

»Ich hatte noch keine Zulassung. Der Kollege, der es damals getan hat, lebt leider nicht mehr. Dürfte ich jetzt endlich meinen Satz zu Ende führen, Herr Türk?«

»Tschuldigung.«

»Verbindlichsten Dank. Also: Die zweite Sache, die man ihm offensichtlich übel genommen hat, war – so sickerte es zumindest durch –, dass Friedemann Lamm bei den Verhören nicht sehr – wie man so schön sagt – kooperativ gewesen sein soll. Was das auf Deutsch heißt, brauche ich jemandem wie Ihnen wohl nicht zu übersetzen.«

»Nein«, bestätigte Türk. »Das ist nicht nötig.«

Friedemann Lamm hatte sich geweigert, die Namen seiner Mittäter zu nennen.

»Aber warum haben Sie mir neulich nichts davon erzählt?«

Demmer sah ihn über die Brille an.

»Ich fasse nicht übereilt Vertrauen«, sagte er freimütig. »Noch dazu, wenn mir ein Gesprächspartner gegenübersitzt, der vorgibt, Streifenpolizist zu sein, mir aber Fragen stellt, wie ich sie eher von einem hellwachen Kripo-Beamten erwarte.«

»Wie oft soll ich denn noch sagen, dass –«

»Sie fragten mich, warum ich es bei unserem letzten Gespräch nicht gesagt habe, und das war ein Teil meiner Antwort. Der zweite ist: Sie werden verstehen, Herr Türk, dass ich als sein Anwalt keinerlei Interesse daran haben kann, dass ohne Not Informationen öffentlich werden, die Friedemann

Lamm mit dieser seiner Jugendsünde in Verbindung bringen. Glauben Sie nur nicht, dass Richter nicht beeinflussbar sind – wenn in den Medien das Bild eines bluttriefenden Ex-Terroristen erscheint, wird das seine Wirkung nicht verfehlen. Es ist schon schlimm genug, dass die Richter diese Fakten kennen und sie in ihre Wertung miteinbeziehen. Genügt Ihnen diese Erklärung?«

»Leuchtet jedenfalls ein«, gab Türk zu. »Aber kann es sein, dass es noch etwas gibt, was Sie mir verschwiegen haben?«

Demmer verzog den Mund. Seine Lider hatten sich unmerklich verengt.

»Sagen Sie: Sie sind wirklich Streifenpolizist?«

»Könnte es sein, dass Sie ein wenig ablenken wollen, Herr Rechtsanwalt?«

Demmer lächelte herablassend.

»Was sollte ich Ihnen denn verschwiegen haben, lieber Herr Türk?«

»Wenn Sie mir versprechen, auf weitere Frage-Gegenfrage-Mätzchen zu verzichten, sage ich es Ihnen.«

Der Anwalt nippte an seinem Tee.

»Okay. Ich höre mit größtem Interesse zu.«

»Sie haben mir verschwiegen, dass Sie damals ebenfalls Mitglied dieser Gruppe waren.«

Die Miene Demmers zeigte keine Regung.

»Wie kommen Sie auf diese abstruse Idee?«

»Was haben Sie mir versprochen? Keine Gegenfrage.«

Demmer schürzte amüsiert die Lippen.

»Sie fangen an, mir zu gefallen, Herr Türk.«

»Das war zwar immerhin keine Gegenfrage, aber auch noch keine Antwort.«

Der Anwalt verschränkte die Arme und beugte sich vor. Das Lächeln war aus seinem Gesicht gewichen.

»Erfasst, Herr Türk«, sagte er kühl. »Bevor Sie eine erhalten, müssten Sie mich davon überzeugen, dass sie zu irgendetwas gut sein soll.«

»Kann ich Ihnen sagen, Herr Demmer. Mir würde es helfen, wenn ich nicht weiter meine Zeit mit irgendwelchen Spielchen verplempern müsste und mit Ihrer Antwort gleich in Erfahrung bringen könnte, ob auch Losswitz in diesem Zirkel gewesen –«

»Für wie bekloppt halten Sie mich eigentlich?«, unterbrach Demmer schroff. »Ich werde schon genug Mühe damit haben, das Motiv zu zerlegen, das der Staatsanwalt auffahren wird, um eine besondere Schwere der Tat zu konstruieren. Aber den Teufel werde ich tun, ihm ein zusätzliches zu liefern!«

»Das heißt, es gibt ein zusätzliches Motiv?«, rief Türk.

Demmer zeigte auf die Tür.

»Ich würde sagen, dass unser Gespräch beendet ist«, sagte er schneidend. Drohend fügte er hinzu: »Wenn Sie nicht augenblicklich verschwinden, kann ich sehr ungemütlich werden. Ich würde nicht behaupten, dass Kommissar Schranz mein intimer Freund ist, aber was nicht ist, kann ja noch werden. Nicht wahr?«

KAPITEL 22

Die Sekretärin der Losswitz & Partner GmbH hatte Türk mit einem einzigen, nicht einmal besonders unauffälligen Augenaufschlag taxiert: Die Insignien des potenten Anlegers fehlten. Ein Schwafler, der ihr die Zeit stehlen würde. Hatte müde fünfundzwanzig Mille von der Oma geerbt, fühlte sich jetzt als cleverer Kapitalist, würde am Ende aber doch vor einer Entscheidung zurückschrecken, wenn die Zahlen auf den Tisch kämen.

Sie bemühte sich nur halbherzig, sich ihren Unwillen nicht anmerken zu lassen.

»Sie kommen wirklich sehr unpassend. Duldet die Angelegenheit wirklich keinen Aufschub, Herr – wie war der Name?«

Türk nannte ihn und fuhr mit entwaffnendem Lächeln fort: »Ich hab den Namen von Ihrer Firma auf der Bautafel in der Thalkirchner Straße gelesen, und ich tät mich dafür interessen. Und weil ich grad in der Näh bin, hab ich mir halt gedacht, ich schau gleich direkt vorbei.«

»So hören Sie doch. Sie können mir meinetwegen Ihre Adresse da lassen. Aber wir haben im Augenblick andere Sorgen.«

Türk stellte sich dumm. Sie notierte es mit einem Seitenblick und atmete genervt aus.

»Sie werden doch Zeitung lesen, oder?«

»Schon. Wieso?«

»Dann werden Sie doch sicher gelesen haben, dass der Chef… dass Herr Losswitz –«

»Sagen Sie bloß, Sie meinen den Mord an diesem Unternehmer!« Türk schlug sich mit der Hand auf die Stirn. »Das… das ist Ihr Chef?«

»Gewesen«, ergänzte sie mit einer Miene, die nicht auf grenzenlose Trauer schließen ließ. »Ja, der Herr Losswitz. Und wie Sie sich sicher vorstellen können, geht es momentan drunter und drüber. Die Firma ist mitten in einer Umbruchphase. Es ist noch überhaupt nicht geklärt, wie es weitergeht. Ich fürchte, ich kann Ihnen da im Augenblick nicht helfen. Tut mir Leid.«

»Das tut mir auch Leid«, erwiderte Türk mit gespielter Betroffenheit. »Furchtbar, so was.«

Sie sah durch ihn hindurch. »Sicher. Furchtbar.«

Türk trat von einem Bein auf das andere. »Aber…. entschuldigen Sie bitte, wenn ich trotzdem noch mal… ich meine, wenn ich noch mal auf das Geschäftliche kommen darf. Heißt das denn jetzt, dass die Wohnung nicht mehr…. ich meine, wird die Firma aufgelöst?«

»Aufgelöst? Das wollen wir doch nicht hoffen. Herr Losswitz war ja nicht der alleinige Inhaber.« Sie sah ihm unverblümt ins Gesicht. »Wenn ich Sie jetzt bitten dürfte, ja?«

Er hielt ihrem Blick stand.

»Aber… können Sie mir nicht trotzdem wenigstens ein paar Unterlagen zeigen? Es würde sich um die 4-Zimmer-Wohnung in der Thalkirchner Straße handeln.«

»Das sagten Sie«, bemerkte sie gereizt. »Aber –«

»Hinterher bin ich wieder zu spät dran, und alles ist schon verkauft«, erklärte Türk treuherzig. Sie sandte einen leidenden Blick zur Decke, ließ sich aber zu einer Antwort herab: »Hören Sie, Herr –«

»Türk.«

»Herr Türk. Ich wiederhole mich äußerst ungern. Wenn Sie möchten, können Sie mir Ihre Anschrift hier lassen, ja? Aber ich möchte Sie jetzt wirklich bitten, mich nicht weiter aufzuhalten.«

Türk sah ein, dass er sich geschlagen geben musste. An diesem Drachen war kein Vorbeikommen, hier konnte er weder mit gespielter Naivität noch mit liebenswürdiger Anteilnahme landen. Er würde einen anderen Weg wählen müssen, um an die Informationen zu kommen, die er brauchte.

Er hatte sich bereits zum Gehen gewendet, als sich eine Milchglastüre im Hintergrund öffnete. Die Sekretärin versteifte sich augenblicklich. Eine schlanke Frau in einem aparten, grauen Kostüm kam herein, die Haare mit einem Anflug von Eleganz hochgesteckt. Sie steuerte auf den Tisch der Sekretärin zu, maß Türk mit einem unbeteiligten Blick, wobei sie ein knappes, von einem kurzen Nicken begleitetes Lächeln an- und ausknipste. Ihre Stimme klang energisch.

»Frau Plenk, dieser Brief muss noch einmal geschrieben werden. Ich hatte Ihnen doch gesagt, dass –«

Sie hielte inne. Langsam wanderte ihr Blick zu Türk zurück, der sie nicht minder überrascht anglotzte.

»Grüß Gott«, brachte er heraus.

Irene Kühns Lider flatterten kurz.

»Sie? – Ich meine, was –?«

Die Sekretärin klärte sie auf: »Der Herr hier interessiert sich für das Projekt –, was war es gleich wieder?«

»Talkirchner Straße«, sagte Türk.

»Thalkirchner, genau. Aber ich habe versucht, ihm verständlich zu machen, dass es im Augenblick sehr ungünstig ist und dass er in zwei Wochen wieder –«

»Überlassen Sie das mir, ja?«, unterbrach Irene Kühn eisig. Ein leichtes Rot hatte ihre Wangen geflammt. Sie versuchte ein Lächeln. »Würden Sie mir bitte in mein Büro folgen?« Sie wies auf die Tür zu ihrem Büro.

»Was ist mit dem Brief?«, nölte Frau Plenk hinterher.

»Machen Sie die Augen auf, dann sehen Sie es selbst!«

Mit einer fliegenden Bewegung schloss Irene Kühn die Türe hinter sich und trat nahe an Türk heran.

»Sie sind der Beamte von neulich, nicht wahr?«, flüsterte sie ängstlich. »Ich bitte Sie inständig, dem Chef nichts zu sagen! Er würde mich sofort entlassen!«

Türk runzelte fragend die Stirn. »Wem?«

Sie zeigte mit einer Kopfbewegung in den Raum hinter ihrem Büro. »Herrn Doktor Schön! Er ist doch mein Chef!« Sie faltete bittend die Hände und hielt sie Türk entgegen. »So verstehen Sie doch! Was gibt es denn jetzt noch zu ermitteln? Ja, ich wusste, dass er mit einer anderen im Bett war! Ich habe es nicht ertragen! Es war ein einmaliger Blackout, ich hatte zu viel getrunken! Es tut mir Leid! Es wird bestimmt nie wieder vorkommen!« Sie sah ihn flehend an. »Sie hatten mir doch versprochen, dass es keine weiteren Konsequenzen haben würde! – Doch! Das haben Sie!«

Sie sah furchtsam nach hinten. Ihr Büro grenzte an das Dr. Schöns, nur mit einer wandhohen Glasscheibe abgetrennt. Er saß am Ende des Raumes an seinem Schreibtisch. Er wandte ihnen sein Profil zu und war auf den großen Monitor vor ihm konzentriert.

»Aber dabei bleibt's doch auch«, versicherte Türk beruhigend.

Irene Kühn ließ erleichtert die Schultern fallen. Sie sah ihn warm an.

»Vielen Dank«, sagte sie leise. »Aber… was wollen Sie denn noch von mir wissen? Und warum geben Sie eigentlich vor, sich für eine Wohnung zu interessieren?«

»Sie werden lachen«, antwortete Türk amüsiert. »Weil es

stimmt. Die Sache von neulich interessiert wirklich niemanden mehr. Es ist ein absoluter Zufall, dass ich Sie hier treffe.«

Sie trat einen Schritt zurück. Ein ungläubiges Lächeln erschien auf ihrem Gesicht.

»Dann… also, das ist ja ein Zufall! Das ist ja geradezu verrückt, nicht wahr?«

Türk stimmte schmunzelnd zu. »Mir wenn einer sowas erzählen würd, dann tät ich sagen, er spinnt.«

»Ich auch!« Sie nahm schwungvoll an ihrem Schreibtisch Platz »Also, dann können wir das Thema ja glücklicherweise wechseln, nicht wahr?« Sie deutete auf einen Sessel. »Wie kann ich Ihnen helfen? Sie wollen tatsächlich eine der Wohnungen in der Thalkirchner Straße kaufen? Ich kann Ihnen gerne die Unterlagen mitgeben, aber Sie werden verstehen, dass im Augenblick alles ruht, bis die Zukunft der Firma geregelt ist.« Sie machte eine einladende Handbewegung. »So nehmen Sie doch bitte Platz, Herr –?«

»Türk.«

Sie lächelte mädchenhaft. »Natürlich. Bitte verzeihen Sie, dass ich Ihren Namen vergessen habe.«

»Aber, keine Ursache.« Türk setzte sich und schlug die Beine übereinander. »Heißt das, dass die Losswitz GmbH möglicherweise nicht mehr weiterbestehen wird?«

Kurz dachte er an die vergangene Nacht und den verzweifelten Wissenschaftler. Er hatte, bevor er hierher ging, in der Inspektion angerufen. Der Kollege von der Frühschicht hatte ihm bestätigt, was er befürchtet hatte. Der Zug war längst abgefahren, die Zwangsräumung bereits im Gange.

Irene Kühn lächelte beschwichtigend: »Keine Sorge. In alle Details bin ich zwar nicht eingeweiht, aber das heißt es sicher nicht. Die Firma steht blendend da, und Herr Doktor Schön wird alles dransetzen, die Geschäfte weiterzuführen.« Leiser fuhr sie fort: »Ob ich dann allerdings noch dabei sein werde, weiß ich nicht.«

»Ach!«, sagte Türk bedauernd. »Wieso denn?«

Sie sah ihn geschmerzt an. »Können Sie es sich nicht denken? Mein Verhältnis zu Doktor Schön ist, wie Sie ja mitbekommen haben, etwas angespannt. Ich fürchte fast, er ahnt, wer ihm die Störung neulich eingebrockt hat.« Sie sah aus dem Fenster. Das weiche Licht des regnerischen Tages betonte ihr nahezu makelloses Profil. Türk schossen plötzlich Zweifel durch den Kopf, ob diese beeindruckend attraktive Frau wirklich mit jener verzweifelten Denunziantin identisch sein konnte, die er vor einigen Tagen gesehen hatte. Ihre nachdenkliche Stimme holte ihn zurück: »Nun ja, ich verstehe ihn ja fast – er will sich nicht mit Vergangenem belasten. Und eine dieser Altlasten bin wohl ich. Eine Rolle, mit der sich mein Selbstwertgefühl ziemlich schwer tut. Können Sie das verstehen?«

Türk konnte es. Sie stand entschlossen auf.

»Aber jetzt möchte ich Sie wirklich nicht länger mit diesen Dingen belästigen.« Sie lächelte entschuldigend. »Es ist mir ja eh bereits mehr als peinlich, was Sie alles von mir wissen. Versprechen Sie mir, es gleich wieder zu vergessen?«

Türk nickte großzügig.

»Schön.« Irene Kühn schenkte ihm einen dankbaren Blick. Sie war an einem der Regale an der Seitenwand angekommen. »Aber jetzt suche ich Ihnen die Unterlagen zu diesem Projekt heraus, in Ordnung?«

Ein unbestimmtes Gefühl, beobachtet zu werden, lenkte Türk ab. Er drehte sich zur Seite. Dr. Schön starrte zu ihnen herüber und schien angstrengt zu überlegen, wo er den Besucher einordnen sollte. Türk nickte ihm freundlich zu. Schön gab es verdutzt zurück. Schließlich schien ihm ein Licht aufzugehen. Er stemmte sich aus seinem Sessel und war mit wenigen Schritten an der Türe.

»Ach? – Guten Tag.« Der Geschäftsführer lächelte gezwungen. Er wandte sich zu Kühn. »Ein Kunde?«

Sie nickte mit gespielter Sachlichkeit. »Der Herr interessiert sich für das Projekt in der Thalkirchner Straße.«

Schön spitzte anerkennend die Lippen.

»Ein Kunde mit Geschmack!« Er streckte Türk die Hand entgegen und stellte sich vor. »Thalkirchner Straße! Gediegenste Altbausubstanz. Sie haben zweifellos ein gutes Auge – nicht wahr, Frau Kühn?«

»Zweifellos«, stimmte sie zu.

»Und eine Nase dafür, welche Stadtviertel im Kommen sind, sowohl vom Wohnumfeld wie bei der Rendite, hat der Herr ebenfalls. Respekt.«

Schön griff nach Türks Arm und lächelte liebenswürdig. »Kommen Sie. Ich habe gerade ein wenig Zeit, und das Projekt Thalkirchner Straße liegt mir zufällig ebenfalls sehr am Herzen. Dass es übrigens sehr begehrt ist, wissen Sie?«

Schön bugsierte Türk zur Zwischentür.

»Ich hab dem Herrn schon gesagt, dass es im Augenblick etwas ungünstig ist.«

Schön wurde schlagartig ernst.

»Sie sind informiert, Herr –?«

»Türk.«

»Sie wissen Bescheid, Herr Türk?«

»Ja. Furchtbare Sache.«

Schön nickte bekümmert.

»Furchtbar, ja. Wenn ich ganz ehrlich bin, habe ich es immer noch nicht begriffen. Mir ist immer noch, als würde Gerd Losswitz jeden Augenblick bei der Tür hereinkommen.«

»Das Gefühl kennt man«, sagte Türk mitfühlend.

»Nicht wahr? Ich habe es immer noch nicht vollständig überwunden. Aber ich bin zu der Überzeugung gekommen, dass wir neben unserer Trauer auch die Verpflichtung haben, das Vermächtnis unseres Firmengründers einzulösen und das von ihm Aufgebaute weiterzuführen. Mag es uns im Augenblick auch schwer fallen – Gerd Losswitz hätte es nicht anders gewollt. So ist es doch, Frau Kühn, nicht wahr?«

»Ja«, sagte sie.

»Des Weiteren halte ich wenig davon, unsere Kunden mit unseren persönlichen Gefühlen zu belasten. Der Kunde hat seine eigenen Sorgen. Und für alle muss das Leben weitergehen.« Er klatschte in die Hände. »Und nun kommen Sie schon. Ich kann gerade ein wenig Zeit erübrigen.«

Türk fing noch einen flehenden Blick Irene Kühns auf, bevor Dr. Schön sorgfältig die schallgedämmte Türe hinter sich zudrückte.

»Uff«, machte er. »Jetzt hätten sie mich beinahe in große Verlegenheit gebracht. Das hätte wirklich ins Auge gehen können. Sie haben doch niemanden davon erzählt, dass…? Ich möchte wirklich nicht, dass meine persönlichen Angelegenheiten zum Firmengeschwätz werden. Das verstehen Sie doch, oder?«

»Aber natürlich«, versicherte Türk.

»Vielen Dank für Ihre Diskretion«, sagte Schön mit warmer Stimme, hob dann jedoch die Brauen. »Gestatten Sie aber eine gewisse Verwunderung. Sie kommen doch nicht… ich meine, die Sache mit diesem idiotischen Anruf neulich hat sich doch als lächerliche Denunziation aufgeklärt, nicht wahr? Ich kann mir beim besten Willen nicht vorstellen, dass es dazu noch Fragen geben sollte. Und dann kommen Sie ausgerechnet jetzt!« Er ging hinter seinen Schreibtisch und ließ sich in seinen Sessel fallen. »Sie können sich doch auch ausrechnen, dass hier im Moment die Hölle los ist. Auf mir lastet eine Menge Verantwortung. Haben Sie eine Vorstellung davon, wie viele Arbeitsplätze mit all unseren Projekten verbunden sind?«

Er deutete auf den Stuhl. Türk setzte sich.

»Deswegen bin ich doch nicht gekommen, Herr Doktor.«

»Das hätte mich auch wirklich erstaunt. Aber heißt das, Sie wollten sich tatsächlich nur nach dem Projekt Thalkirchner Straße erkundigen? Haha! Sie?«

»Wieso eigentlich nicht?«, fragte Türk säuerlich.

»Natürlich, Wunder geschehen immer wieder«, sagte Schön erheitert. »Aber in meinem langjährigen Berufsleben wären Sie der erste Streifenbeamte, der sich eine luxusrenovierte Vier-Zimmer-Wohnung in dieser Lage leisten kann. Gewiss, man kann sich schon mal täuschen, aber ich irre mich eher selten.« Er lächelte begütigend. »Das nehmen Sie mir bitte doch jetzt nicht übel, Herr… Türk war der Name, nicht wahr?«

Türk war nicht eingeschnappt. Schön legte seinen Arm lässig auf die Tischplatte und sah seinen Besucher von der Seite an.

»Aber wenn Sie mir, wie ich sehe, nicht widersprechen – das tun Sie doch nicht, oder? –, es also weder um das eine, noch um das andere geht, dann würde ich mich außerordentlich freuen, wenn Sie mich über den wahren Grund Ihrer Anwesenheit aufklären könnten. Sie haben doch nicht etwa mit den Ermittlungen zum Mord an Herrn Losswitz zu tun? Das ist doch Angelegenheit der Kripo, wenn ich mich nicht täusche?«

»Sie täuschen sich nicht, Herr Schön«, sagte Türk.

Schön lehnte sich zurück und verschränkte die Arme vor seiner Brust. »Worum geht es dann? Sie machen es wirklich spannend. Leider habe ich, um ehrlich zu sein, nicht unbedingt ausreichend die Muße, um es zu genießen.«

»Ich ermittle gewissermaßen verdeckt. Wie viele meiner Kollegen gehe ich hin und wieder einer Nebenbeschäftigung nach.«

Schön kapierte schnell. »Sieh an! Sie sind als Detektiv hier?«

»Gewissermaßen«, bestätigte Türk.

»Nun gut. Ich bin mir zwar überhaupt nicht sicher, ob ich das Gespräch mit Ihnen nicht sofort abbrechen sollte. Aber ich hätte da vielleicht einen Vorschlag zu einem, sagen wir mal Deal, mein lieber Herr Türk.« Er senkte die Stimme. »Sie behalten für sich, was Sie über mein Privatleben wissen, und ich tute nicht in die Welt hinaus, dass Sie sich gelegentlich gewissen Interessenskonflikten mit Ihrem Hauptarbeitgeber aussetzen. Ich könnte mir vorstellen, dass dies auch in Ihrem Sinne sein könnte.«

»Einverstanden«, sagte Türk.

Schön setzte sich aufrecht. »Und jetzt legen Sie schon los, damit ich weiß, ob ich überhaupt etwas für Sie tun kann. Ich habe tatsächlich nicht unendlich Zeit. Zuvor will ich aber noch wissen: Wenn Sie nicht im Auftrag der Kripo ermitteln, in wessen Auftrag tun Sie es dann?«

»Das muss ich vorerst noch für mich behalten. Ich möchte Sie nur fragen, in welcher Beziehung Herr Losswitz zu Friedemann Lamm gestanden hat.«

Schön ging nicht auf seine Frage ein.

»Rechtsanwalt Demmer hat Sie beauftragt«, stellte er fest. »Er will diesen Friedemann Lamm herauspauken, nicht wahr?« Er ließ Türks Einspruch nicht zu. »Schon gut. Ich kann bis drei zählen. Was wollten Sie noch einmal wissen? In welcher Beziehung dieser Herr Lamm zu Gerd Losswitz gestanden hat?«

»Genau.«

»Wozu ist das wichtig?« Er wartete die Antwort nicht ab. »Ah, ich verstehe. Man wundert sich darüber, dass sich jemand wie Losswitz auf Verhandlungen mit einem seiner, nun ja, sagen wir, Opfer einlässt? Die Antwort ist einfach. Die beiden waren vor vielen Jahren so etwas wie«, Schön schürzte maliziös die Lippen, »Genossen, auch wenn das heute schwer vorstellbar ist.«

»Könnte das der Grund sein, warum Herr Losswitz einem Gespräch mit ihm zugestimmt hat?«

»Das wäre durchaus vorstellbar«, meinte Schön. »Allerdings kann ich nicht so recht dran glauben. Gerd Losswitz wollte ungern an seine wilden Jugendjahre erinnert werden, und für die meisten seiner ehemaligen Genossen hatte er nicht gerade die größte Achtung übrig. Er hielt sie für Versager.«

»Also eher kein nostalgisches Veteranentreffen«, überlegte Türk.

Schön öffnete die Arme und beugte sich zu ihm.

»Ich würde sogar noch weiter gehen, Herr Türk. Es ist sogar gut möglich, dass dieser Herr Lamm versucht hat, ihn mit irgendeiner Information zu erpressen, die mit ihrer gemeinsamen Geschichte zusammenhängt.«

»Hätte er das können?«

Schön zuckte die Schultern.

»Vielleicht? Die Gruppe, in der die beiden waren, war ziemlich militant. Ich weiß von einem Bombenanschlag –«

»Der, für den Lamm in den Knast gegangen ist?«

»Sie sagen es. Ich habe den Prozess allerdings nicht mehr mitbekommen, war damals schon in den Staaten.«

»Woher wissen Sie eigentlich, dass die beiden in dieser Gruppe waren?«

Schön lächelte. »Na, nun überlegen Sie mal.«

»Sie waren auch Mitglied?«

»Tja«, grinste Schön. »So hat eben jeder seine Vergangenheit, nicht wahr?« Seine Mundwinkel fielen wieder herab. »Aber, um der Wahrheit die Ehre zu geben: Ich war bestenfalls eine Figur am Rande. Ich habe das alles nicht sonderlich ernst genommen. Um tiefer einzusteigen, dazu war ich wohl zu, ja, zu oberflächlich. Natürlich fand ich es empörend, was in Chile damals geschah, aber ich hatte andere Probleme als das, ob irgendein Dritte-Welt-Land frei ist oder nicht. Ich war Anfang 20, Herr Türk! Und damals war es nun mal so: Wenn man damals nicht den Revolutionär markierte, war man bei der Damenwelt unten durch. Marx-Schulung, radikales Gehabe, auf den Partys bei ›Street fighting men‹ ausrasten, das war quasi Pflicht. Ich sehe das heute alles nüchterner. Wenn man es genau betrachtet, dann haben viele von uns nichts anderes versucht, als sich – unter einem politischen Vorwand – gegenüber der älteren Generation zu profilieren. Oder wenn Sie so wollen, erwachsen zu werden. Das galt zwar nicht für alle, aber doch für viele, und darunter verdächtigerweise häufig für diejenigen, die sich am radikalsten gebärdet haben.«

»Auch für Losswitz?«, fragte Türk.

Schön nickte überzeugt.

»Wenn das für einen galt, dann für ihn. Er kam aus einer sehr wohlhabenden Familie. Der Vater muss ein Patriarch gewesen sein, und Gerd hat es geradezu genossen, ihn mit seinem Revoluzzer-Gehabe auf die Palme zu bringen. Aber als schließlich abzusehen war, dass es mit der Revolution nichts werden würde, hat er sein Studium doch noch abgeschlossen und ist ins Baugewerbe eingestiegen. Was glücklich damit zusammenfiel, dass er einiges erbte.«

»Sein ehemaliger Genosse Lamm aber ist einen anderen Weg gegangen.«

»So ist es. Deswegen haben sie sich auch bald aus den Augen verloren, vermute ich. Lamm hat nie von seinen Idealen gelassen, war da viel zu unflexibel – oder, wenn Sie's positiv sehen wollen –, zu konsequent. Jedenfalls kann ich mir gut vorstellen, dass Friedemann Lamm alles andere als erfreut darüber war, dass ausgerechnet sein alter Genosse ihn aus seinem Laden werfen will.«

»Wollte er das, ich meine, konnte er das? Der frühere Hausbesitzer hat doch noch gar nicht verkauft und soll doch auch verfügt haben, dass niemand aus dem Haus geworfen werden darf?«

Schön lächelte fein.

»Sicher, der alte Herr Anetzberger war eine Seele von Hausbesitzer. Aber glauben Sie mir, da gibt es Mittel und Wege. Über Vorverträge mit den Erben beispielsweise.«

»Der Erbe hat Losswitz also alles schon zugesagt?«

»Nun, Herr Türk…« Schön hob die Brauen und betrachtete seine Fingernägel. Er sah wieder auf. »Wir berühren da jetzt durchaus Dinge, die eigentlich unter dem Begriff Betriebsgeheimnis firmieren, verstehen Sie? Ich kann Ihnen bestenfalls dazu sagen, dass der Tod des Alten absehbar gewesen ist. Und vielleicht auch noch, dass der Sohn des alten Herrn Anetzberger notorisch klamm ist. Einer seiner Andeutungen habe ich außerdem entnehmen können, dass er zuletzt bei einer dilettantischen Spekulation böse hereingelegt worden ist.«

»Es waren Sie, der die Verhandlungen geführt hat?«, fragte Türk.

»Ja. Ich muss sagen, dass mir Lamms Schicksal dabei natürlich durch den Kopf gegangen ist, und ich gerne eine andere Lösung für ihn gefunden hätte, und, wenn es nach mir gegangen wäre, sicher auch fündig geworden wäre. Aber Losswitz war auch da knallhart. Auf dem Haus lag schließlich höheres Baurecht, also weg mit der alten Bude. Sicher, es gibt wirtschaftliche Zwänge, aber es ist doch auch immer eine Frage des Stils. Losswitz' Stil war jedenfalls nicht meiner. Er war ohne Zweifel ein begnadeter Geschäftsmann, aber kein angenehmer Zeitgenosse.«

Er senkte die Stimme und sah Türk direkt an.

»Und falls Sie sich darüber wundern, dass Sie mich wegen des Todes meines Partners zwar durchaus erschüttert, aber nicht in völliger Auflösung vorfinden, so liegt der Grund in dieser Tatsache. Ich werde einige Dinge ändern, jawohl. Wirtschaftlicher Erfolg ist wichtig, aber man muss auch die Verantwortung sehen, die man gegenüber der Gesellschaft trägt.« Er hob die Stimme. »Und deshalb möchte ich Ihnen auch Folgendes mitgeben, Herr Türk: Was immer ich dazu beitragen kann, um die Verzweiflungstat dieses Herrn Lamm ein wenig zu erhellen und zu erklären, werde ich tun. Sie können auf mich zählen.«

Er schickte seinen Worten ein bekräftigendes Nicken hinterher.

»Aber ich sollte mich jetzt wieder an die Arbeit machen. Das dürfte es dann doch gewesen sein, nicht wahr? Oder wollen Sie noch etwas wissen?«

Türk nickte. »Wie war das mit der Einladung zum Treffen an Lamm? Wie lief das genau ab?«

»Lassen Sie mich nachdenken.« Schön lehnte sich zurück und verschränkte seine Finger im Nacken. »Ich bin Friedemann Lamm ungefähr zwei Wochen vor dem Mord zufällig einmal über den Weg gelaufen, als ich ein Gespräch mit dem Sohn des alten Anetzberger hatte. Allerdings tauschten wir dabei nur Belanglosigkeiten aus. Wir haben auch früher nicht so gut miteinander gekonnt, wissen Sie? Als ich unvorsichtigerweise erwähnte, was ich heute mache und vor allem, wer dabei mein Partner ist, wurde er noch reservierter.«

»Was ist daraufhin passiert?«

»Irgendwie muss Lamm Verdacht geschöpft haben, dass Bebbe mit uns in Verhandlungen stehen könnte. Daraufhin hat er sofort hier angerufen.«

»Wer hat das Gespräch angenommen?«

»Das muss unsere Frau Plenk gewesen sein. Sie hat das Gespräch erst zu mir durchgestellt, da Gerd Losswitz gerade unterwegs war. Ich erinnere mich, dass Lamm außer sich war. Ich habe ihm zumindest sagen können, dass Losswitz morgen wieder hier sein würde. Unerwarteterweise kam Gerd – äh, Herr Losswitz – kurze Zeit später doch noch ins Büro. Ich habe ihm natürlich gleich von diesem Anruf erzählt.«

»Wie hat er reagiert?«, hakte Türk nach.

»Eigenartig, muss ich sagen. Irgendwie bewegt – oder auch beunruhigt, wenn man so will. Er hat sich aber dazu nicht weiter geäußert, sondern wohl umgehend Frau Kühn angewiesen, Lamm zu einem Gespräch einzuladen.«

»Und das hat sie getan?«

»Da fragen wir sie doch am besten gleich selbst, nicht?« Er drückte auf die Taste der Telefonanlage und bat seine Sekretärin herein.

Sie kam, blieb aber abwartend im Türrahmen stehen.

»Frau Kühn, den Termin mit diesem Herrn Lamm haben doch Sie damals vereinbart?«

»Ja.« Sie sah erst ihn, dann Türk erstaunt an. »Warum?«

»Das tut jetzt nichts zur Sache«, schnitt ihr Schön das Wort ab.

»Aber das habe ich den Herren von der Kriminalpolizei doch schon gesagt. Ja, Herr Losswitz hat mich gebeten, ihn anzurufen und einen Termin zu vereinbaren. Das habe ich auch getan.«

Schön wandte sich Türk zu. »Genügt Ihnen diese Information, Herr Türk?«

»Noch nicht ganz. War der Herr Lamm eigentlich überrascht über diese Einladung, Frau –?«

»Kühn.«

Türk lächelte entschuldigend: »Hab vorhin Ihren Namen nicht richtig mitgekriegt.«

Sie nickte unmerklich, bevor sie den Kopf schüttelte. »Er war kein bisschen überrascht. Er schien sogar fest damit gerechnet zu haben, dass sich Herr Losswitz umgehend meldet.«

»Ist Ihnen daran irgendetwas sonderbar vorgekommen?«

Sie überlegte kurz.

»Nicht, dass ich wüsste. Außer vielleicht das: In seinen Kalender hat Herr Losswitz das Treffen eingetragen. Allerdings nicht mit ›Lamm‹ eingetragen, sondern ein seltsames Wort – Augenblick!«

Sie lief in ihr Büro und kam kurze Zeit später mit einem Terminkalender zurück.

»Hier, sehen Sie?«

Türk warf einen Blick darauf.

»Amaru«, las er. »Was könnte das bedeuten?«

»Ich habe keine Ahnung, Herr Türk. Ein – ein Spitzname oder so etwas Ähnliches?«

»Vielleicht eine Parole«, meinte Schön nachdenklich. Er wandte sich an seine Sekretärin. »Vielen Dank, Frau Kühn. Das wars schon wieder.«

Sie nickte stumm und ging hinaus. Schön sah ihr nach.

»Sagen Sie mal, Herr Türk«, sagte er verhalten und wies mit einer Kopfbewegung nach nebenan, »war es zufällig Frau Kühn, die neulich bei Ihnen angerufen hat? Schließlich wohnt sie in meiner Nachbarschaft.«

Türk zögerte mit einer Antwort.

»Keine Sorge«, setzte Schön beruhigend nach. »Ich bin nicht nachtragend, und sie ist gerade jetzt eine enorme Stütze für mich. Außerdem kann ich, wie gesagt, selber bis drei zählen.«

Türk stand auf.

»Grüßen Sie mir Lissi.«

Schön erwiderte sein Schmunzeln. Er winkte ab. »Ach, das war nicht so verbindlich, wie es aussah. Man will ja auch einmal ein vernünftiges Wort mit einem Menschen wechseln können. Sex ist nicht alles, finden Sie nicht auch?«

»Wenn's der Fachmann sagt?«, erwiderte Türk. Es klang ein wenig gereizt.

KAPITEL 23

Dieser Frühsommer hatte nichts Gutes versprochen, und das hielt er auch. Schon am frühen Abend hatte es wieder zu regnen begonnen. Die Dämmerung hatte früh eingesetzt, und als Türk die Inspektion verließ, seinen Wagen startete und kurze Zeit später auf die B 12 einscherte, war es bereits stockdunkel. Der schwarze Asphalt glänzte. Viele der Autofahrer, die Türk mit hoher Geschwindigkeit entgegenkamen, schienen nicht zu wissen, dass ihr Wagen auch über ein Abblendlicht verfügte.

Türk fluchte vor sich hin. Er kämpfte mit der Müdigkeit. Er war dem Idioten, der kurz vor Maitenbeth nach einem riskanten Überholmanöver gerade noch vor ihm auf die Spur einschwenken konnte und ihn mit einem heißen Adrenalinschub aus seiner Schläfrigkeit riss, beinahe dankbar.

Es war vermutlich gerade die Ereignislosigkeit des Nachmittags gewesen, die ihn geschafft hatte. Sogar Ali Baier war wieder zum Dienst erschienen. Der Inspektionsleiter hatte ihn kurz nach seiner Ankunft zu sich gerufen. Als Baier kurze Zeit später aus Schwabs Büro in den Wachraum zurückgekehrt war, wirkte er nicht mehr so niedergeschlagen wie an den vorangegangenen Tagen. Der Chef musste ihm Mut gemacht haben. Vielleicht war ihm auch irgendeine Finte eingefallen, wie die Witz-Affäre entschärft werden konnte.

Von den Geschehnissen des Nachmittags war Türk nur noch der trostlose Gesichtsausdruck einer noch nicht vierzigjährigen, abgehärmten Frau, deren älteste Tochter wieder einmal als Ladendiebin geschnappt worden war, im Gedächtnis geblieben. Das Mädchen hatte die Anschuldigung abgestritten und randaliert. Nach ihrer Vernehmung hatten sie Türk und Baier zu Hause abgeliefert. Es hatte wenig gefruchtet. Die Mutter war mit ihren drei anderen Kindern vollkommen überfordert. Die Ermahnungen der Beamten hatte sie mit hilflosem Nicken über sich ergehen lassen.

Bei der Rückfahrt hatten sie einen älteren Passanten angepflaumt, der vor ihnen bei Rot ungeniert über die Straße gegangen war. Baiers ärgerliche Vorhaltungen hatten den Sünder nicht beeindruckt. Er hatte sein eingefallenes Gesicht zum Fenster hereingestreckt, eigensinnig gegrinst und mit altersbrüchiger Stimme behauptet, das Verbot gelte nur für Kinder und alte Leute, und somit nicht für ihn.

Nach ihrer Rückkehr hatte Dienstgruppenleiter Maierhofer berichtet, dass Kommissar Reiter von der Mordkommission sich nach einem Tagebucheintrag erkundigt hatte. Er wollte bestätigt haben, dass Türk und Baier tatsächlich den Geschäftsführer der Losswitz GmbH vor einigen Tagen wegen Ruhestörung aufgesucht hatten. Maierhofer hatte Tatsache und Zeitangaben bezeugt, wobei er sich den Hinweis nicht verkneifen wollte, dass zwischen einem Schutzpolizisten und einem Märchenerzähler doch ein kleiner Unterschied bestehe. Er hatte dem Kommissar noch den Grund für diesen Anruf aus der Nase ziehen wollen, doch mehr, als dass es sich um Ermittlungsroutine handele, war von Reiter nicht herauszubringen gewesen. Immerhin stritt er nicht ab, dass Friedemann Lamm noch immer nicht geständig sei. Den launigen Vorschlag Maierhofers, man sollte ihn halt wie in Frankfurt ein bisserl foltern, hatte der Kommissar nicht sehr lustig gefunden.

»Die sind im Stress«, hatte der Dienstgruppenleiter daraus geschlossen und schadenfroh gegrinst. »Sie sind sich sicher gewesen, dass die Geschichte in ein paar Tagen über die Bühne ist. Jetzt schaut's so aus, als ob's doch auf einen Indizienprozess rauslaufen wird.«

Ein ärgerliches Hupen riss Türk aus seinen Gedanken. Ein BMW überholte rasant, setzte sich vor ihn. Bald waren seine Rücklichter hinter einer Kurve verschwunden. Das Straßenschild der Abzweigung nach Ebersberg leuchtete aus dem Dunkel. Türk bog ab. Nach wenigen Minuten befand er sich auf einer ruhigen Siedlungsstraße, rollte an Jägerzäunen vorbei. Hätte sich nicht eine graue Katze vor ihm auf die Straße geworfen und sich, nach kurzer Schreckstarre, mit einem panischen Sprung in Sicherheit gebracht, hätte der Ort gewirkt, als wäre er von einer Seuche entvölkert.

Am Ortsausgang trat Türk auf die Bremse. Er warf einen Blick auf die Skizze, die ihm Patty gemacht hatte. Dann legte er wieder den Gang ein.

Der Regen hatte nachgelassen. Die Scheinwerfer fraßen sich durch den dünnen Nebel. Beinahe hätte er die Abzweigung zu einer schmalen Teerstraße übersehen, die sich in den Ebersberger Forst wand.

Einige hundert Meter weiter entdeckte er den Kiesweg, den Patty eingezeichnet hatte. Er endete an einer Lichtung, in deren Mitte ein einstöckiger Bungalow aus den Sechzigern stand. Das Grundstück war von einer niedrigen Hecke umgeben. Türk stellte den Wagen ab und ging auf das Haus zu. Je näher er kam, desto mehr schwand der Eindruck der Modernität. Fleckiger Putz, verwitterte Traufen und eine wuchernde Klematis an der Vorderfront verliehen dem Gebäude bereits den Schmelz eines Altbaus. Der Garten war verwildert. Bruchsteinplatten leiteten zum Eingang, über den eine trübe, von Motten umflatterte Lampe einen Lichtkegel warf.

Ruth Lamm öffnete bereits nach dem ersten Klingeln. Sie streckte ihm die Hand entgegen. Türk erfühlte Schwielen.

»Gleich gefunden?«

Sie wartete seine Antwort nicht ab, sondern ging in die Diele voraus. »Ich hab uns einen Tee aufgesetzt. Sie trinken doch Tee?« Türk bejahte. Sie deutete auf ein Sofa, über das sie einen ausgewaschenen Kelim geworfen hatte.

Einige Minuten später kam sie mit einer Teekanne zurück und nahm ihm gegenüber Platz. Ruth Lamm trug ein welkes Männerhemd über ihren Jeans. Langes, bereits ergrautes Haar rahmten das schmale Gesicht mit dem kleinen Mund und den dunklen, wachen Augen.

»Patty sagte mir, Sie hätten nichts mit den Ermittlungen zu tun«, eröffnete sie das Gespräch, während sie ihm dampfenden Tee einschenkte.

»So ist es«, bestätigte Türk.

»Sie hat sich auch geweigert, mir Ihren Namen zu sagen. Sie meinte, Sie würden mir selbst sagen, warum Sie ein Geheimnis daraus machen müssen.«

Türk erklärte es ihr.

»In Ordnung«, meinte sie. »Ich werde niemandem davon erzählen, dass Sie hier waren. Wobei ich mir nicht vorstellen kann, dass mein Telefon überwacht wird. Friedemann und ich sind seit vielen Jahren nicht mehr zusammen.«

Türk führte die Tasse vorsichtig zum Mund. Sein Blick streifte im Raum umher. Das Wohnzimmer nahm beinahe die gesamte Grundfläche des Bungalows ein. Der Schlafbereich war lediglich durch eine Art spanischer Wand abgeteilt. Der Boden aus glasierten Terracotta-Fliesen war mit dicken türkischen Teppichen belegt,

Ein hölzernes, mit Büchern, Schallplatten und Zeitschriftenstapeln gefülltes Regal, das nur vom Sofa unterbrochen war, nahm fast die gesamte Wandbreite ein.

Im hinteren Teil des Raumes, der von der Hängelampe über der Sitzgruppe nicht mehr beleuchtet wurde, konnte Türk eine Staffelei erkennen. Sie stand auf ausgerolltem, von Farbklecksen gesprenkeltem Packpapier. Erst jetzt wurde ihm klar, was ihn beim Eintreten irritiert hatte. Es roch nach Terpentin.

»Sie sind Malerin?«

»Aber ich kann leider nicht davon leben. Ich verdiene mir mein Geld mit Malkursen.«

Türks Blick blieb auf einer Pinwand hängen. Fotos in unterschiedlichen Formaten wellten sich, um sie herum arrangiert Eintrittskarten, Eisenbahntickets, Postkarten. Sie folgte seinen Augen.

»Auch eine Art Ausstellung, nicht wahr? Der Titel ist ›Altar der Erinnerung‹.« Sie lächelte. »Es ist albern, ich weiß. Aber ich hänge daran. Meine Geschichte gehört nun mal zu mir.«

Türk stemmte sich aus dem Sofa. »Darf ich?«

»Bitte«, sagte Ruth Lamm.

Türk entfernte den Reißnagel und nahm ein Schwarzweißfoto herunter. Er hielt es zum spärlichen Licht der Lampe.

Eine Gruppe junger Leute im 70er Jahre-Outfit, lachend und ausgelassen, spazierend auf einem Wiesenweg. Schlaghosen. Parkas. Schafspelzmäntel. Lange, vom Wind zerzauste Haare.

Türk erkannte Friedemann Lamm. Er und Ruth hielten sich umschlungen. Sie war damals schon sehr schlank gewesen. Und sehr hübsch.

Sie lächelte ein wenig wehmütig.

»Das war Mitte der Siebziger. Irgendwo in Niederbayern. Wir haben uns auf den Bauernhof eines Schriftstellers getroffen, der mit uns sympathisiert hat.«

»Wer ist ›wir‹?«

»Unsere damalige Gruppe.«

»Das Chile-Kommitee.«

»Sie wissen ja bereits gut Bescheid«, bemerkte sie. Türk hielt ihr das Foto entgegen.

»Das sind Sie und Friedemann Lamm, richtig?«

Sie verließ ihren Sessel, stellte sich neben ihn und beugte sich über das Foto. Ein feiner Patschuliduft ging von ihr aus.

»Ja…« Sie nestelte eine Brille aus ihrer Hemdtasche und setzte sie auf.

»Und das hier sind – ach, ist das lange her! – Wolfi… Rolf… Sylvia… Gika…«

»Von irgendwoher kommt die mir bekannt vor«, sagte Türk.

Sie sah ihn an.

»Kann gut sein. Vielleicht von einem alten Fahndungsplakat, das noch irgendwo herumhängt? Gika war nett, aber nicht besonders helle. Ein Jahr später ist sie bei einer RAF-Aktion geschnappt und verurteilt worden. Heute gibt sie furchtbar eitle Interviews.«

Türk wies wieder auf das Foto. »Und die anderen?«

»Neben ihr, das ist –«, sie fixierte eine schlanke Jeansträgerin mit schulterlangem, glattem Haar, deren Gesicht in Bewegungsunschärfe verschwamm. Dann schüttelte sie unmerklich den Kopf, »– an ihren Namen kann ich mich nicht mehr erinnern. Sie war, glaube ich, auch nur ein- oder zweimal dabei. Sie war noch sehr jung, hatte irgendetwas mit Gerd zu tun. Er mochte es, von Schülerinnen bewundert zu werden.« Ihr Finger wanderte weiter. »Und das hier müsste… ja, natürlich, das müsste Hape sein…«

»Hans Peter Demmer?«

»Hape Demmer, stimmt. Sie kennen ihn?« Sie gab sich die Antwort selbst. »Ach ja, Patty hat's mir ja erzählt. Sie haben bereits mit ihm gesprochen.«

Sie zeigte auf einen jungen Mann mit langen Haaren und wolligem Vollbart, der mit weitausgreifender Gestik und zähnefletschendem Lachen auf den Fotografen zu eilte, als wolle er auf einen unerwünschten Beobachter losgehen.

»Losswitz?«, riet Türk.

Sie nickte. »Damals noch ›Hardy‹. Und da hinten, das müsste …?« Sie sah nach oben. »Diese beiden waren nicht oft dabei. Sie hieß … ich glaube, Ingrid … und er … hieß er nicht Joschi?«

Das Bild zeigte Justus Schön. Offener Hemdkragen, blond, sportlich schlaksig, blitzende Zähne.

Sie schlug sich an die Stirn. »Quatsch! Nicht Joschi – Jussi hieß er. Er hat sich aber, soweit ich mich erinnere, immer eher am Rande gehalten. Wenn's brenzlig geworden ist, war meist nicht viel von ihm zu sehen. Aber er hat immer gute Stimmung gemacht. Und deshalb hat ihm keiner richtig übel genommen, dass er ein bisschen ein Abstauber war, was Frauen betraf. Dass man ihn, was Politisches betraf, nicht für voll nahm, schien ihn nicht zu stören.«

»Wann ist das Foto aufgenommen worden?«, fragte Türk.

Sie ging zu ihrem Sessel zurück und ließ sich in die Lehne fallen. Auch Türk setzte sich wieder.

»Das dürfte im Herbst fünfundsiebzig gewesen sein. Es war jedenfalls das letzte Mal, dass alle so gut gelaunt waren. Ein paar Wochen später –«

Sie nahm die Brille ab und legte sie auf den Tisch.

»– ist die Bombe geplatzt?«, vollendete Türk ihren Satz.

Sie zog die Augenbrauen hoch, griff nach ihrer Tasse und sah ihn über den Tassenrand an:

»Ach, das wissen Sie?«

Türk überging ihre Frage.

»Was ist danach passiert?«

Sie trank und stellte die Tasse auf den Tisch.

»Damit platzte auch die Gruppe. Friedemann wurde erwischt und verurteilt, und die anderen duckten sich. Auch ich.

Nicht allein aus Angst. Sondern auch deshalb, weil ich plötzlich gemerkt habe, wie wenig ernst wir alles genommen hatten.«

»Wie meinen Sie das?«

»Wir haben großmäulig vom Polizeistaat schwadroniert, den wir meinten entlarvt zu haben. Als wir aber selbst davon betroffen waren, waren wir vor Erstaunen wie gelähmt, dass es ihn tatsächlich gab. Wir erkannten, dass wir zuvor in einer Traumwelt gelebt hatten. Verstehen Sie?«

Türk nickte unbestimmt. Er sah wieder auf das Bild.

»Wie ging es danach mit Ihnen und Herrn Lamm weiter?«

Sie setzte sich auf und verschränkte die Hände vor ihren Knien.

»Da gibt es nicht viel zu sagen. Friedemann kam aus dem Knast, und es war aus.«

»Warum?«

»Muss ich Ihnen das erzählen? Er war acht Jahre weg. Ich habe es manchmal nicht mehr ausgehalten, so allein zu sein. Ich habe mir zwar jedes Mal fest vorgenommen, dass nichts wirklich zwischen ihn und mir kommen sollte, aber ich habe mir etwas vorgemacht. Ich war zu jung. Unsere Beziehung hat genau so lange gehalten, bis er entlassen wurde. Danach war es in einer Stunde zu Ende.«

»Sie haben sich in einen anderen verliebt, hm?«

Sie starrte auf ihre Knie.

»Nicht wirklich. Es gab zwar jemand, der mir viel bedeutet hat. Aber ich hatte beschlossen, wieder mit Friedemann zusammenzukommen. Doch dann war er es, der Schluss gemacht hat. Er hat zwar verstanden, dass ich nicht wie eine Nonne gelebt habe, während er im Knast saß. Aber er hat es nicht verkraftet. Und am meisten verletzt hat ihn, dass ich mich bemüht habe, ihn wieder zu lieben. Seltsam, nicht?«

»Nein«, sagte Türk.

»Ich fand mich ungerecht behandelt und war wütend, weil er nicht honorieren wollte, dass ich mich bemühe. Aber er hatte Recht. Ich wollte es jahrelang nicht einsehen, und einmal machten wir sogar noch einen Versuch. Was unsere Beziehung betraf, war er vergeblich. Das einzige Ergebnis war, dass ich mit Patty schwanger wurde.« Sie sah auf. »Ich würde jetzt gerne das Thema wechseln, Herr Türk. Es tut wieder weh. Mein Kopf sagt mir, dass ich mich damals nicht anders hätte verhalten können. Aber es tut mir trotzdem nicht gut, mich daran zu erinnern. Ist das schwer zu verstehen?«

Türk schüttelte den Kopf. Sie sah ihn dankbar an.

»Und außerdem geht es nicht um mich. Allerdings weiß ich wirklich nicht, wie ich Friedemann in seiner jetzigen Lage helfen kann.«

»Ich weiß es auch noch nicht«, gestand Türk. »Woher haben sich Herr Lamm und Losswitz eigentlich gekannt?«

»Vom Gymnasium, soweit ich mich erinnere. Ob sie damals Freunde waren, ist schwer zu sagen. Sie waren jedenfalls häufig zusammen. Gerd Losswitz hatte so etwas Furchtloses, Aufrührerisches, was Friedemann damals wohl fasziniert haben musste. Er war ja eher still, eher kopfig. So ein Kinks-Typ, verstehen Sie? Er hat sehr klar gedacht, konnte sehr sarkastisch sein, war aber zugleich sehr weich.« Sie wandte den Blick versonnen ab. »Das hatte er wohl von seinen Eltern. Sie waren nicht besonders wohlhabend. Seine Mutter war grundgut, aber eher lebensängstlich. Gerd Losswitz dagegen stand in Opposition zu seinem fast überstarken Vater, der als Unternehmer sehr erfolgreich war. Und, nebenbei, ein offener Nazi.«

»Wann haben Sie das letzte Mal mit Herrn Lamm gesprochen?«

»Vor fünf, sechs Tagen.«

»Also vor dem Mord«, stellte Türk fest. »Hat er Ihnen erzählt, dass er mit Losswitz Kontakt aufnehmen will? Und warum?«

»Darüber haben wir nicht gesprochen. Es ging um Patty. Sie will mit Freunden einen Musikladen oder etwas Ähnliches aufmachen und hat ihn wohl um Geld gebeten. Er war skeptisch.«

»Er hat Ihnen nicht gesagt, dass er Angst davor hat, seinen Laden und damit seine Existenz zu verlieren?«

»Er hat nur eine Andeutung gemacht, dass er im Augenblick ein wenig Sorgen hätte. Aber bei solchen Dingen war er immer sehr verschlossen. Er hatte die Angewohnheit, erst dann über Probleme zu sprechen, wenn er sie für sich geklärt hatte.«

»Haben Sie eine Idee, warum Losswitz ihn zu sich bestellt haben könnte?«

Sie zögerte mit der Antwort.

»Keine wirklich überzeugende, Herr Türk«, sagte sie schließlich. »Dass er mit ihm von alten Zeiten schwärmen wollte, kann ich mir wirklich nicht vorstellen.« Sie lächelte einladend. »Noch einen Schluck Tee?«

Türk hob abwehrend die Hand. Sie ließ sich in die Lehne zurückfallen, fischte einen Tabakbeutel aus ihrem Hemdaufnäher und begann, sich eine Zigarette zu drehen.

»Ich sagte Ihnen ja, dass ich Ihnen vermutlich nicht helfen kann.« Sie unterdrückte ein Gähnen. »Oder gibt es noch etwas, das Sie wissen wollen?«

»Sagt Ihnen …«, Türk musste ihr Gähnen erwidern, »… sagt Ihnen das Wort ›amaru‹ etwas?«

Sie zündete die Zigarette an, zog daran, kippte den Kopf in den Nacken und blies eine Rauchwolke gegen die Decke.

»Amaru? Natürlich. Es war so etwas wie eine Parole unserer Gruppe. Amaru war der Name eines Inka-Königs, der im 18. Jahrhundert in Zentral-Peru einen Aufstand gegen die Spanier anführte.«

»Vergeblich, vermutlich.«

Ruth Lamm lächelte müde. »Ich habe mich manchmal gefragt, warum uns nur tragisch gescheiterte Helden zur Ikone taugten, woher diese Affinität zum Scheitern kommt. Vielleicht wollten wir gar keinen Erfolg haben? Wir waren ja Bürgerkinder. Konnten wir da wirklich eine Revolution wollen? Vielleicht ist es aber auch nur eine Art christliches Erbe der Linken, diese Liebe zu den Märtyrern.«

Türk sagte nichts dazu. Es hatte ihn schon immer überfordert, wenn Menschen erst über drei Ecken denken mussten, um schließlich doch wieder bei der ersten, einfachen Erkenntnis zu landen. Eine Weile war nichts als das Ticken einer Wanduhr zu hören. Türk faltete die Hände und legte die Finger nachdenklich an seinen Mund. Dann hob er den Kopf und sah sie direkt an.

»Waren Sie eigentlich auch an diesem Anschlag beteiligt?«

Sie schüttelte ernst den Kopf.

»Ich wusste nicht einmal, dass einer geplant war. Ich bin ein paar Wochen zuvor zu einem Sprachkurs nach Italien abgereist.«

»Und die anderen Mitglieder der Gruppe? War von denen jemand dabei? Bei Friedemanns Verhaftung ist ein Schuss gefallen.«

»Davon habe ich gehört, ja. Aber man hat Friedemann nie nachweisen können, dass er geschossen hat, oder?«

»Wer soll es sonst gewesen sein? Im Verhör damals soll er nicht davon abzubringen gewesen sein, dass kein anderer aus der Gruppe beteiligt war. Daraus folgt logischerweise, dass er geschossen haben muss.«

»Nicht logischerweise«, sagte Ruth Lamm. »Vielleicht war es jemand von der Polizei? Alles schon mal vorgekommen. Das brauche ich Ihnen ja nicht zu erzählen, oder?«

»Quatsch. Das könnte sofort nachgewiesen werden.«

»Beweise können verschwinden.«

»Naja.«

»Typische Paranoia von Leuten wie mir, wollen Sie andeuten? Mag sein. Aber ich arbeite seit vielen Jahren mit einem Computer. Alles Mögliche habe ich schon verloren, aber eine Festplatte wie beim Prozess gegen Strauß ist mir noch nie abhanden gekommen«, versetzte sie ärgerlich. »Hören Sie, Herr Türk. Bleiben wir doch einfach bei dem, was wir wirklich wissen. Nämlich, dass Friedemann Lamm ein durch und durch integrer, fast sträflich gutmütiger Idealist ist, der zu Mord niemals fähig wäre. Und so anständig ich es von Ihnen finde, etwas Licht in die Sache bringen zu wollen, so sehr glaube ich, dass wir unser Gespräch jetzt beenden können. Sie sehen doch selbst, dass wir keinen Schritt vorwärts kommen.«

»Das tät ich nicht sagen, Frau Lamm.« Türk stellte verwundert fest, dass seine Stimme plötzlich gereizt klang. »Außerdem werde ich das Gefühl nicht los, dass Sie noch etwas zurückhalten.«

»Werden Sie nicht albern.« Sie beugte sich vor und griff an den Kannengriff. »Noch einen Tee?«

Er sah sie unverwandt an.

»Ich bin dieses Gefühl noch immer nicht losgeworden, Frau Lamm.«

Sie wich seinem Blick aus.

»Das ist womöglich Ihr Problem«, sagte sie frostig.

Türk war zu müde, um sich noch beherrschen zu können. »Ah ja?!«, platzte er heraus. »Jetzt hören Sie mir mal zu: Ich hab Ihre Geheimnistuerei satt! Und Ihre Arroganz noch mehr! Was bilden Sie sich eigentlich ein? Was haben Sie erreicht mit Ihren Demos und dem ganzen 68er-Firlefanz? Was haben Sie selbst errreicht?«

»Das will ich nicht mit Ihnen diskutieren! Beruhigen Sie sich.«

»Ich habe Sie etwas gefragt!«

Ruth Lamm drückte ihre Zigarette bedächtig aus.

»Ich habe immerhin einmal Fidel Castros Hand schütteln dürfen.«

»Wahnsinn!«

Ein herablassendes Lächeln spielte um ihre Lippen.

»Ich hatte gehofft, dass Sie in der Lage wären, das unter dem Stichwort ›feine Ironie‹ einzuordnen, lieber Herr Türk. Mir lag daran, unser Gespräch ein wenig zu entspannen. Wenn ich zu diesem Anschlag damals nichts sage, dann deshalb, weil es Friedemanns Situation eher verschlechtern würde!«

»Das heißt, dass Sie doch mehr wissen«, fuhr Türk zornig auf. »Wollen Sie mich eigentlich verarschen?!«

Sie keifte zurück: »Das heißt, dass ich Sie zum letzten Mal bitten möchte zu gehen!«

Türk zwang sich zur Ruhe.

»Ordnen Sie das jetzt bitte unter dem Stichwort ›felsenfester Entschluss‹ ein, Frau Lamm«, entgegnete er eisig. »Ich gehe nicht eher, bis Sie mir alles sagen. Und, übrigens – ich hätte doch gerne noch einen Schluck.«

Er hob ihr die Tasse entgegen und nickte ihr aufmunternd zu. Sie bewegte sich nicht.

Dann ließ sie ihre Schultern fallen. »Ich… habe nicht mehr die Kraft für das alles«, flüsterte sie. »Bitte gehen Sie doch endlich.«

Türk schüttelte stumm den Kopf und ließ sie nicht aus den Augen.

Plötzlich brannten ihre Augen. Sie schnellte empor und baute sich bebend vor Türk auf. Sie schrie: »Können Sie sich vorstellen, wie Friedemann sich fühlen musste, als er rausbekam, dass der, für den er mindestens fünf Jahre länger im Knast verrottete, dabei war, seine Existenz kaputtzumachen?!«

»Losswitz war bei diesem Anschlag dabei«, fasste Türk leise zusammen. »Er war es, der bei der Verhaftung geschossen hat.«

»Ja!« Ruth Lamm schrie jetzt. »Und der gute, brave, anständige Friedemann hat dichtgehalten, jawohl!« Sie schlug ihre Hände vor ihr Gesicht und begann zu weinen.

Türk trat an ihre Seite. Seine Arme pendelten unschlüssig. Er nahm sie in die Arme, führte sie behutsam zum Sessel zurück und ging neben ihr in die Hocke.

Leise, beinahe zu sich selbst, sagte Türk: »Das würde erklären, wieso Losswitz sich auf ein Treffen mit ihm eingelassen hat. Er hat befürchet, dass Lamm ihn mit diesem Wissen unter Druck setzten wollte, seine Abrisspläne rückgängig zu machen.«

Sie kramte nach einem Taschentuch.

»Ich… ich weiß es nicht«, Ruth Lamm schneuzte sich, »Erpressung passt so wenig zu Friedemann… er war doch so ein… so ein furchtbarer Idealist… vielleicht wollte er auch nur an einen Rest von Moral bei Losswitz appellieren.«

Sie atmete durch und sah Türk mit verweinten Augen an.

»Zufrieden?«, fragte sie kraftlos.

»Nur halb«, gestand Türk.

Sie wischte sich mit dem Handrücken über die glänzenden Wangen.

»Aber… was denn noch?«

»Das Wichtigste«, gab er ernst zurück. Er stand auf und ging einige Schritte im Zimmer umher. »Jetzt stellt sich nämlich erst recht die Frage, was an diesem Abend im Büro auf der Baustelle passiert ist. Davon wissen wir nicht mehr, als Herr Lamm sowohl zu seinem Anwalt als auch beim Verhör ausgesagt hat: Losswitz hätte sich dumm gestellt und ihn hinausgeschmissen.«

Sie strich sich eine Strähne aus der Stirn. »Kein Wunder.

Für Losswitz waren Leute wie Friedemann nichts als Versager. Jussi Schön hat er wohl ausgenommen. Aber der war nie im harten Kern.«

»Nur: Wenn Losswitz Herrn Lamm sofort wieder hinauswirft, warum hat er ihn dann vorher eingeladen?«, wandte Türk ein. Er gab sich selbst die Antwort: »Vielleicht hat er zwischenzeitlich noch einmal überlegt, sein Risiko neu eingeschätzt und ist zu dem Ergebnis gekommen, dass ihm nach so langer Zeit nichts mehr passieren kann?«

»Gut möglich«, pflichtete ihm Ruth Lamm bei. »Losswitz hätte es sich leisten können, die Sache auszusitzen. Er hätte sich die besten Anwälte der Stadt nehmen können. Er war damals schon jemand, für den hinter der Front immer ein gesatteltes Pferd bereit stand. Bei dem Prozess damals hat ihm sein Vater den teuersten Anwalt Münchens gestellt, während Friedemann mit dem erstbesten und billigsten auskommen musste.«

»Möglich, dass es so gewesen ist«, nickte Türk. »Aber… aber auch wenn wir uns das so erklären, dann –«

»Dann was!?« Sie fuhr herum und funkelte ihn an.

»– dann wird doch immer verständlicher, dass Herr Lamm in so einer Situation durchdreht und –«

»Eben!« Sie unterbrach ihn heftig: »Das ist es doch, Herr Türk! Seien Sie doch nicht so entsetzlich begriffsstutzig! Wüssten Sie ein stärkeres Motiv für einen Mord? Nicht einmal ich kann dafür garantieren, dass ich dieses verkommene Schwein nicht umgebracht hätte.«

Türk stand auf und dehnte sich. Sein Rücken schmerzte. Seine Augen brannten. Er war unendlich müde.

»Mist«, sagte er leise. »Verdammter, beschissener Mist.«

Ruth Lamm entgegnete nichts. Sie folgte ihm zur Haustür, öffnete sie und trat zur Seite, um ihn an sich vorbei trotten zu lassen.

Sie sah nach draußen.

»Wenigstens hat es zu regnen aufgehört«, sagte sie, als wolle sie sich und ihn trösten.

Türk folgte ihrer Blickrichtung. Er streckte ihr matt die Hand entgegen. Sie ergriff sie und drückte sie fest.

»Auf Wiedersehen«, sagte sie warm. »Und fahren Sie vorsichtig. Sie wissen… die B 12… um diese Zeit…«

Er nickte wissend, hob grüßend die Hand und wandte sich von ihr ab. Er war schon zwei Schritte auf dem Plattenpfad gegangen, als er stehen blieb, sich noch einmal umdrehte und zu ihr zurückkehrte.

»Bloß noch diese letzte Frage: Von wem könnte Herr Lamm erfahren haben, was Losswitz mit dem Haus plant?«

»Keine Ahnung. Es wird sich eben herumgesprochen haben, nicht? Ich meine mich erinnern zu können, dass er davon gesprochen hat, dass jemand zufällig ein Gespräch belauscht hat, in dem es um irgendwas mit dem Haus ging.«

Türk machte einen raschen Schritt auf sie zu.

»Wer?«, fragte er heiser.

»Ich kann mich nicht mehr an den Namen erinnern. Es muss aber jemand vom Haus gewesen sein. Ein Schreiner… Seebauer, Seebacher oder so ähnlich – kann das sein?«

Türk starrte sie ungläubig an.

Dann drehte er sich um und rannte zu seinem Wagen.

KAPITEL 24

Kurz vor dem Mittleren Ring hatte es wieder zu nieseln begonnen. Türks Müdigkeit war einer hellwachen Angespanntheit gewichen. Er fuhr schnell, konzentriert. Kurze Zeit später durchpflügte er eine Pfütze am Straßenrand, stellte den Wagen vor dem Anetzberger-Haus ab und ließ die Autotür hinter sich ins Schloss schnappen. Die Straße war menschenleer. Das Geräusch des gleichmäßigen Regens dämpfte den feinen Verkehrslärm, der von den tiefer gelegenen Straßen entlang der Isar auf das Hochufer drang. Der stumpfe Nachthimmel und der mürbe Schein einer Straßenlaterne spiegelten sich in den Fensterscheiben. Vorhänge und Rollos waren geschlossen, nur aus einigen Fenstern schimmerte noch der fahlblaue Lichtschein eines Fernsehers.

Türk schlug den Kragen hoch und steuerte die Toreinfahrt des alten Hauses an. Darauf bedacht, kein lautes Geräusch zu machen, schloss er das Tor auf und drückte es behutsam hinter sich zu. Er blieb einige Sekunden stehen, um sich an die Dunkelheit zu gewöhnen. Dann tappte er durch die Einfahrt.

Der Schreiner schien noch nicht zu schlafen. Aus einem Fenster der Werkstatt fiel ein warmer Lichtschein auf das nassglänzende Pflaster und leuchtete das tropfende Blattwerk der Kastanie aus dem Dunkel der Nacht.

Es war still. Lag Joe bereits im Bett und hatte vergessen, das

Licht in seiner Werkstatt auszumachen? Türk sah sich um und schlich auf das Hinterhaus zu. Vor einem der Fenster stellte er sich auf die Zehenspitzen, um in den Raum hineinzusehen. Wieder konnte er nur den vorderen Bereich der Werkstatt überblicken. Nichts bewegte sich. Dann entdeckte er, dass die Eingangstür nur angelehnt war.

Er näherte sich, beugte sich und legte sein Auge an den Türschlitz. Er hielt den Atem an. Ein Stuhl knarzte leise.

»Was spionierst du da schon wieder umeinand?!«, hörte er hinter sich eine zornige Stimme. Türk wirbelte herum. Joe, die Fäuste in die Hüften gestemmt, funkelte ihn wütend an. Bevor Türk zu einer Antwort ansetzen konnte, packte ihn Joe am Revers, zog ihn zu sich heran und fauchte ihm ins Gesicht: »Du verschwindest auf der Stelle, kapiert?«

Türk versuchte sich mit einer heftigen Bewegung loszureißen. Joe setzte nach. Türk geriet ins Stolpern und fiel auf den Rücken. Sofort war der Schreiner über ihm.

»Du miese, verlogene Sau! Hab's mir doch gleich gedacht, dass du nicht ganz sauber bist!«, zischte er.

Türk fluchte. »Ich hab dir doch gesagt, dass mich die Tochter –«

»Halt's Maul, du Bullensau! Ich glaub dir kein Wort mehr!« Joe riss ihn nach oben. »Und jetzt hau ab! Und zwar schnell! Einmal noch wenn ich dich bei mir herumschnüffeln seh!«

»Lassen Sie ihn«, sagte eine näselnde Stimme. Sie kam von der Tür. Joes Griff lockerte sich. Demmer zeigte mit einer Handbewegung in das Innere der Werkstatt.

»Kommen Sie herein, alle beide«, befahl er. »Alles, was wir jetzt unbedingt noch brauchen, ist, dass uns die ganze Nachbarschaft hören kann.«

Er ging voraus und ließ sich schnaufend an einen Tisch neben dem Durchgang zu einer Teeküche nieder. Joe, noch immer argwöhnisch, folgte Türk.

»Er ist ein Schnüffler«, sagte er. »Eine verlogene, hinterfotzige Sau.«

»Ruhe jetzt«, gab Demmer zurück. Er bedachte Türk mit einem ärgerlichen Blick. »Er ist vor allem hartnäckiger, als ich dachte.«

Türk hatte sich von seiner Überraschung erholt.

»Sie?«, fragte er. »Was… was tun Sie –?«

»So setzen Sie sich doch.« Demmer verschränkte die Finger vor seinem Bauch. »Ja, ich. Ich vertrete auch Herrn Seebauer. Friedemann Lamm hat die Verbindung hergestellt. Ich bin hier, weil ich es es für erforderlich hielt, ihn darüber zu informieren, dass die Mordkommission beabsichtigt, auch ihn genauer unter die Lupe zu nehmen. Und jetzt setzen Sie sich endlich. Ich möchte keine Genickstarre bekommen«

Türk gehorchte. Er zwang sich zur Ruhe. »Ihn?«

Demmer nickte ungeduldig. »Die MK kommt nicht weiter mit Lamm. Nach wie vor bestreitet er die Tat. Wie mir weiterhin zugetragen worden ist, haben auch die diversen Laboruntersuchungen weder einen Hinweis ergeben, dass er Losswitz nahe gekommen ist, noch dass er mit Betäubungsmitteln hantiert hat. So sieht man sich, wenn auch sehr widerstrebend, dazu veranlasst, auch in andere Richtungen zu ermitteln. Man hat sogar den Sozius von Losswitz, Justus Schön, unter die Lupe genommen. Aber der hat für die Mordnacht ein hieb- und stichfestes Alibi – eine Polizeistreife, die ihn wegen Ruhestörung aufgesucht hat.«

Türk unterbrach ihn nicht. Der Anwalt fuhr fort: »Also verdächtigt Kommissar Reiter, der Kommissar Schranz im Moment vertritt, auch noch die anderen Bewohner dieses Hauses. Da Frau Mühlbauer aufgrund ihres hohen Alters wohl kaum noch in Frage kommt, bleibt nur noch Herr Seebauer.«

»Und was ist mit Bebbe Anetzberger?«

»Der fällt ebenfalls weg. Er hat keine Vorteile durch den Tod des Herrn Losswitz.«

»Und weil er für einen Mord zu blöd wär«, ergänzte Joe. »Mehr als blöd. Brunzdumm.«

»Mörder sind immer blöd«, warf Türk ein.

Demmer schmunzelte. »Sie mögen Recht haben, Herr Türk. Aber Bebbe kann nicht so blöde gewesen sein, jemanden zu töten, von dem er sich ein Geschäft verspricht. Hinzu kommt, dass er noch immer hoch verschuldet ist. Nein, er kommt nicht in Frage.« Er korrigierte den Sitz seiner Brille. »Aber wenn Sie schon einmal da sind: Können wenigstens Sie mir Neuigkeiten berichten?«

»Nicht wirklich«, gestand Türk. »Ich weiß jetzt zumindest etwas genauer, was der Inhalt des Gesprächs zwischen Herrn Lamm und Losswitz gewesen sein dürfte. Lamm hat Losswitz nicht nur den Verrat von Idealen vorgehalten, sondern ihn daran erinnert, für ihn im Knast gesessen zu haben.« – »Sie haben mit Ruth gesprochen, nicht wahr?«, sagte Demmer. »Dann wissen Sie sicher auch, dass es Losswitz war, der bei dieser Bombengeschichte dabei war. Nicht nur das: Er war die treibende Kraft. Er wollte sich innerhalb der Gruppe profilieren. Er war es außerdem, der bei der Verhaftung Friedemanns in Panik geraten ist und um sich geschossen hat. Nur – wir werden es nicht mehr beweisen können, Herr Türk. Aber Sie werden jetzt verstehen, dass wir diesen Aspekt so klein wie möglich halten wollten. Dass die frühere Bombengeschichte eine Rolle spielen wird, können wir nicht verhindern. Aber wie gesagt, dass er in der Öffentlichkeit als bluttriefender Terrorist und rachsüchtiger Wüterich erscheint, wäre mehr als schädlich.« Er sah Türk eindringlich an. »Verstehen Sie das?«

Türk verschränkte die Arme. »Sonst haben Sie noch nichts? Das ist alles an Strategie? Indizien als nicht hundertpro eindeutig hinstellen, und wenn das nichts fruchtet, wird auf die Tränendrüse gedrückt? Marke: Mord aus Angst vor dem beruflichem Aus durch rücksichtslosen Kapitalisten? Respekt.«

Das Gesicht des Anwalts verdunkelte sich. »Was ich jetzt vor allem brauchen kann, wonach ich mich geradezu sehne, ist, dass ein unterbeschäftigter Streifenbeamter Dinge ans Tageslicht bringt, die für die Anklage ein gefundenes Fressen sind!«, sagte er scharf.

»Sie wollen die Politik raushalten«, konstatierte Türk unbeeindruckt.

»Sie sind also doch nicht so begriffsstutzig, Herr Türk«, lobte Demmer sarkastisch. »Es gibt da nämlich so einen Reflex bei der Justiz. Sie hat nicht wirklich Angst vor der Rechten, sondern nur vor der Linken. Was logisch ist, denn nur die Linke stellt die bürgerliche Justiz in Frage. Das hat was mit ihrer Tradition zu tun, das war vor dem Krieg und danach nicht anders, daran haben auch sozialdemokratische Regierungen nichts ändern können – so sie es denn überhaupt wollten.«

»Danke für die Vorlesung«, sagte Türk.

»Spielen Sie nicht den Schlaumeier«, gab Demmer gereizt zurück. »Wenn Sie eine bessere Strategie haben – bitte sehr!«

»Ich habe keine. Ich stelle nur fest, dass Sie offenbar davon ausgehen, dass Herr Lamm schuldig ist.«

Demmer wechselte einen ausdruckslosen Blick mit Joe.

»Gehen Sie aus, wovon Sie wollen«, sagte er verhalten. Lauernd fügte er hinzu: »Was wäre denn übrigens Ihre Meinung dazu, Herr Türk?«

Türk zog die Stirn in Falten. Er stand auf und ging einige Schritte umher. Er blieb stehen.

»Für mich sind nach wie vor noch ein paar andere Dinge ziemlich rätselhaft. Was mich beispielsweise wundert, ist, dass Lamm den Mord geplant haben muss. Andererseits scheint er überhaupt nicht bedacht zu haben, dass Losswitz' Sekretärin und Dr. Schön von diesem Treffen wussten, wodurch der Verdacht sofort auf ihn fallen musste. Wie erklären Sie sich das?«

»Ich habe keine Erklärung dafür«, gab der Anwalt zu. »Die Menschen sind ein Mysterium. Vielleicht ist aber alles viel einfacher? Vielleicht ist er einfach nur durchgedreht? Hat die Nerven verloren, sich von blinder Empörung übermannen lassen und nicht mehr an die Konsequenzen gedacht? Wie damals, als er die Bombe –«

Türk unterbrach kühl: »Sagen Sie mir bloß das eine: Hält sein eigener Verteidiger ihn für schuldig?«

Demmer schnaufte hörbar.

»Summieren Sie einfach das, was ich Ihnen dazu gesagt habe«, sagte er gereizt. »Es gibt bekanntlich keinen Zweifel daran, dass sich die beiden zum Tatzeitpunkt getroffen haben. Ebenso klar ist, dass ihm Lamm dabei ihre gemeinsame Geschichte unter die Nase gerieben hat, und dass die Antwort Losswitz' ziemlich brutal gewesen sein muss. Sinngemäß so: Die Sache sei bald 30 Jahre her, und kein Hahn würde mehr danach krähen. Er ließe sich jedenfalls nicht erpressen. Wie hätten Sie an Lamms Stelle reagiert?«

»Ich glaub, ich hätt ihn –«

»Sehen Sie!«, fiel ihm Demmer verärgert ins Wort. »Also nerven Sie mich nicht weiter mit Ihren Andeutungen. Ich weiß, was Parteientreue ist, ja? Ich weiß allerdings auch, wie wenig sich das Leben nach irgendwelchen Paragraphen richtet.« Er bekräftigte das Gesagte mit einem nachdrücklichen Nicken, setzte dann aber, plötzlich zögerlich geworden, hinzu: »Allerdings… soll Losswitz bei diesem Streit auf einige Details sehr nachdenklich reagiert haben.«

Türk setzte sich wieder und sah den Anwalt aufmerksam an.

»Und die wären?«

»Da war sich Lamm eben nicht sicher. Als er Losswitz sagte, dass er davon wisse, dass der Hauserbe schon eine Art Abschlagszahlung erhalten habe, soll er irgendwie überrascht reagiert haben. Wie ihn auch überrascht zu haben schien, dass Lamm überhaupt zu dieser nachtschlafenen Zeit bei ihm auftauchte.«

»Und Ihre Erklärung?«

Demmer zuckte die Achseln.

»Jemand wie Losswitz hatte schließlich tausend Projekte am Laufen. Er dürfte mit dem Kopf woanders gewesen sein. Die ganze Angelegenheit war ihm vermutlich dermaßen unwichtig, dass er sich im ersten Moment nicht mehr daran erinnerte, dem Treffen zugestimmt zu haben. Wahrscheinlich hat er sich zwischenzeitlich davon überzeugt, dass ihm Lamm nichts mehr anhaben könnte. Erinnern Sie sich daran, wie leicht es unserem Außenminister gefallen ist, die Aufregung um seine Jugendsünden an sich abperlen zu lassen.«

»Hm«, machte Türk.

Demmer stand ächzend auf.

»Wenn Sie erlauben, werde ich mich jetzt verabschieden.« Er stützte sich auf die Tischplatte. »Mich würde nur noch das eine interessieren, nämlich, was Sie zu nachtschlafener Zeit bei Herrn Seebauer gesucht haben. Sie werden doch nicht ihn verdächtigen?«

Türk zögerte mit einer Antwort.

»Oder etwa doch?« Der Anwalt lächelte herablassend. »Sie können sich die Zeit sparen, Herr Türk. Herr Seebauer mag ein Motiv für diese Tat gehabt haben, weil auch er von den Aktivitäten des Herrn Losswitz betroffen war. Aber an seinem Alibi wird auch der schärfste Ermittler nicht rütteln können. Er war bei mir.«

»Warum müssen Sie ihn dann überhaupt vertreten?«

»Das sagt Ihnen entweder der Herr Seebauer direkt, oder

niemand, wie Sie sich denken können. Darf ich Sie im Gegenzug daran erinnern, dass Sie meine Frage noch nicht beantwortet haben?«

»Das dürfen Sie«, sagte Türk. Er drehte sich zu Joe und fixierte ihn streng.

»Wieso hast du mich angelogen? Wieso hast du mir nicht gesagt, dass du es gewesen bist, der Herrn Lamm von den Losswitz-Plänen informiert hat? Du warst es doch, der als Erster mitgekriegt hat, wie Losswitz und Bebbe die Sache ausgekartet haben, richtig?«

Joe sah fragend zu Demmer. Dieser nickte.

»Meinetwegen«, begann er. »Ja, ich hab's mitgekriegt. Die sind im Hof gestanden und haben gedacht, dass ich nicht da bin. Der Bebbe und so ein Typ –«

»Losswitz?«

»Weiß nicht, ob's der war. Hab ihn ja vorher nie gesehen. Die zwei haben jedenfalls darüber geredet, was mit dem Haus passieren soll, wenn der alte Anetzberger gestorben ist. Ich bin im Schlafzimmer oben gewesen und hab es gehört. Kannst dir vorstellen, dass ich einen Hass gekriegt hab? Ist doch eine Sauerei, oder? Erstens, dass er das tut, obwohl sein Vater noch lebt, und zweitens, dass es ihm komplett egal ist, was mit uns passiert.«

»Und das hast du dem Herrn Lamm gesagt, ja?«

Joe nickte. »Wie er später heimgekommen ist. Daraufhin hat er wohl den Bebbe zur Rede gestellt.«

»Warst du bei diesem Streit dabei?«

»Nein. Hab was ausliefern müssen.«

»Und warum hast du mir gegenüber verschwiegen, dass es Lamm von dir wusste?«

Joe sah ihn trotzig an: »Wenn ich mir bei einem nicht sicher bin, ob ich ihm trauen kann, halte ich grundsätzlich erst einmal mein Maul. Auch wenn du mir sagst, dass du von seiner

Tochter kommst, so heißt das noch lange nicht, dass das auch stimmt. Sie ist ja noch ein Kind. Du könntest dich ja bei ihr eingeschleimt haben.«

»Blödsinn.«

Demmer mischte sich ein. Er griff nach seinem Schirm und schnaufte.

»Meine Herrschaften, ich bin müde. Ob und wie Sie Ihr persönliches Verhältnis klären, überlassen ich jetzt Ihnen. Wenn Sie meine Meinung wissen wollen, Herr Seebauer, dann würde ich das Mädchen nicht unterschätzen. Womit ich nicht gesagt haben will, dass mir Herrn Türks Neugier sonderlich angenehm ist.«

Er stülpte seinen Borsalino auf seinen Kopf, rückte ihn zurecht und verabschiedete sich.

Joe wechselte unruhig den Stand. Türk machte keine Anstalten zu gehen.

»Was noch?«, fragte Joe unwillig.

»Weiß nicht genau, Joe.«

»Ich auch nicht«, brummte Joe. »Wie wär's, wenn du endlich einen Abgang machen tätst?«

»Ich frag mich noch immer, warum du mich angelogen –«

Joe fiel ihm hitzig ins Wort: »Hab ich dir doch ausgedeutscht, oder?«

»Dann kann ich vielleicht nicht gut genug Deutsch.«

»Dein Problem«, versetzte Joe. »Lass mich in Ruhe und verzieh dich. Ich will mich hinlegen. Bin müd. Bin ja schließlich kein Beamter.«

Es musste das Wort ›müd‹ gewesen sein, das Türk daran erinnerte, dass er schon seit vielen Stunden kein Bett mehr gesehen hatte.

»Na gut«, sagte er. Er stand auf und drehte sich zum Ausgang. Er kam nicht weit.

»Ach! Sagens, sind Sie nicht der Herr Dings… der Herr

Türk?«, sagte Frau Mühlbauer. Resolut stakste sie über die Schwelle. Unter dem Arm hatte sie ein Bündel Bettwäsche geklemmt.

Türk fasste sich schnell. Er nickte freundlich. »Sie sind die Rosa gewesen, die Kellnerin im *Bayerischen Brünnl,* stimmt's?«

»Vom Anfang bis zum End«, bestätigte die Alte stolz, um sich danach mit vorwurfsvollem Ton an Joe zu wenden: »Da, Seppi!« Sie hielt ihm das Bündel entgegen, das er verblüfft in Empfang nahm. »Ich bring dir deine Bettwäsch zurück. Ich geb der Mira die meine. Ist doch eine Schand, so zerwetzt, und waschen, wett ich, tust du sie auch bloß alle vierzehn Tag. Kannst doch einem sauberen Mädl wie der Mira nicht zumuten.« Sie seufzte kopfschüttelnd. »Hach, ihr gschlamperten Mannerleut! Ihr habt's vielleicht allerweil einen Saustall beieinander. Wird langsam einmal Zeit, dass du unter die Hauben kommst.«

»Pssst.« Mit verzweifeltem Augenrollen versuchte Joe sie zum Schweigen zu bringen. Sie sah ihn fragend an,

»Was machst denn für komische Faxen, Seppe? Ich seh doch selber, dass der Türk da ist. Hältst mich für ganz verkalkt, oder was?«

»Nein…«, sagte Joe hilflos.

Ihr altes Gesicht hellte sich auf.

»Ach, jetzt versteh ich.«

Sie warf Türk einen freundlichen Blick zu, dann sah sie wieder Joe an.

»Geh, Seppi! Du Kindskopf! Das ist doch der, dens alle bloß Türk genannt haben, trotzdem er überhaupt gar kein Türk net ist! Der war doch früher allerweil beim Gustl in der Wirtschaft.« Sie kicherte. »Dem kannst doch trauen!«

»Bei was?«, fragte Türk mit belegter Stimme.

Joe klappte den Mund auf und zu.

Frau Mühlbauer nahm ihm kurzerhand das Wort ab.

»Na, um die Mira geht es halt«, erklärte sie. Der Schreiner habe sich vor ungefähr zwei Jahren in sie verschossen, und, das sage ihr ihr Gefühl, Mira sich wohl auch in ihn.

Die junge Serbin lebte vor dem Krieg im Kosovo, in einer winzigen serbischen Enklave. Als der Krieg ausbrach, war ihr Dorf eines der ersten, das von den aufständischen Albanern dem Erdboden gleichgemacht wurde. Ihre Eltern und ihre jüngere Schwester starben in den Flammen ihres Hauses, ihr Bruder, der Soldat in der serbischen Armee gewesen war, starb bei einem Luftangriff. Es gelang ihr, nach Deutschland zu flüchten. Einige Jahre lebte sie am Stadtrand von München. Bis die Behörden entschieden, dass sie wieder zurückzukehren habe – in ein Dorf, das längst von den Albanern eingenommen war, und in dem keiner ihrer Verwandten mehr lebte.

Eine Rückkehr in ihr Dorf im Kosovo war unmöglich und hätte ihren Tod bedeutet. Die örtlichen Behörden hätten sie in eines der primitiven Auffanglager an der Montenegrinischen Grenze gesteckt.

Mit Demmers Hilfe versuchte Joe, ihre Abschiebung zu verhindern. Doch die Ausländerbehörde blieb stur. Die Behörden in Pristina, bei denen Mira um ihre Heiratspapiere angesucht hatte, schienen lange Zeit Wichtigeres zu tun zu haben. Obwohl der letzte Einspruch noch nicht verhandelt war, sollte sie München verlassen. Joe hatte daraufhin beschlossen, sie so lange bei sich zu verstecken, bis das Gericht entschieden haben würde. Ihre Heiratspläne jedoch mussten sie vorerst begraben, denn kein Amt durfte Verdacht schöpfen.

Als der Anwalt davon Wind bekam, dass auch Joe in das Visier der Ermittler geraten würde, hatte er ihn gewarnt: Er müsse jederzeit mit einer Hausdurchsuchung rechnen. Frau Mühlbauer hatte keinen Augenblick gezögert, das Mädchen bei sich zu verstecken, bis der Losswitz-Fall zu den Akten gelegt würde. In ihrer Wohnung gab es einen geheimen Verschlag, der vor vielen, vielen Jahren einigen Bewohnern des Hauses schon gute Dienste erwiesen hatte.

Die Augen der alten Kellnerin blitzten vergnügt. »Bei mir altem Weib werden sie doch nicht suchen. Sehns, das ist der Vorteil, wennsd' eine alte Schachtel wirst. Keiner traut dir mehr was zu.«

»Verstehe«, schmunzelte Türk. Er wurde wieder ernst: »Hat Gustl Anetzberger eigentlich davon gewusst?«

»Na, freilich!«, antwortete die Alte. »Der hat doch von jeder Maus in seinem Haus den Vornamen gewusst.«

Joe lachte nicht mit. Er stand noch immer stocksteif.

»Was… was wirst jetzt tun, Türk?«, fragte er besorgt. »Ich mein… du bist doch bei der Polizei…?«

Die Alte stemmte ihre Fäuste in die Hüften.

»Seppe!«, rief sie tadelnd.

»Also ich«, Türk räusperte sich, »ich werd gleich morgen zum Ohrenarzt gehen müssen«, sagte er, den Leidenden spielend, »irgendwie hör ich in letzter Zeit so schlecht.«

Rosa Mühlbauer zwinkerte ihm zu und wandte sich befriedigt an Joe.

»Siehst du, Seppe. Der ist nicht auf den Kopf gefallen. Hab ich's dir nicht gesagt?«

Türk griff nach der Türklinke.

»Stimmt nicht, Frau Mühlbauer. Manchmal dauert's ziemlich lang, bis mir ein Licht aufgeht.«

Er grüßte und hastete nach draußen.

KAPITEL 25

Irene Kühn meldete sich bereits nach dem ersten Klingeln. Obwohl sie sagte, dass sie gerade dabei sei sich schlafen zu legen, klang ihre Stimme so wach, als hätte sie auf den Anruf gewartet. Als Türk seinen Namen nannte, schien sie verdutzt. War es, weil es bereits auf Mitternacht zuging? Oder war es nicht unbedingt er, auf dessen Anruf sie gewartet hatte? Liebte sie ihren Chef noch immer? Erwartete sie vielleicht sogar, dass er sich ihr wieder zuwenden würde? Jetzt, wo er sie brauchte, um die Geschäfte nach all diesen Turbulenzen wieder ins Lot zu bringen?

»Worum geht es denn?«, fragte sie distanziert. »Doch nicht nochmal um die Sache von neulich?«

Türk verneinte. Er deutete an, dass sein Anruf mit einer Nebenbeschäftigung zu tun habe.

Er hörte ein leises Lachen. »Dann wird mir einiges klar«, sagte sie. »Ich habe mir schon etwas Ähnliches gedacht, nachdem Sie sich im Büro von Doktor Schön nach meinem Gespräch mit dem Mörder erkundigt hatten. Liege ich richtig damit, dass Sie im Autrag seines Anwalts tätig sind?«

»Gut geraten«, lobte Türk. »Ich werde Sie nicht lange aufhalten, aber es ist dringend. Ich könnte in zwanzig Minuten bei Ihnen sein.«

»Na gut«, hörte er schließlich. »Aber beeilen Sie sich. Ich

bin ziemlich geschafft, wie Sie sich denken können.« Sie machte eine kurze Pause. »Und, Herr Türk – parken Sie bitte nicht direkt vor meinem Haus, ja?«

Kurze Zeit später stand er vor ihrer Tür. Irene Kühn hatte ihr Haar hoch gesteckt und trug einen seidenen Kimono. Hastig verschloss sie die Türe hinter ihm und ging vor ihm her in ihr Wohnzimmer. Auf dem Couchtisch stand ein halb gefülltes Weinglas.

»Bitte versuchen Sie, es kurz zu machen«, sagte sie. »Ich weiß auch gar nicht, wie ich Ihnen helfen kann.«

Sie öffnete eine Tür des Wohnzimmerschranks und griff nach einem Glas.

»Darf ich Ihnen etwas anbieten? Im Dienst sind Sie ja nicht, wenn ich Sie richtig verstanden habe.« Sie lächelte schmal. »Helfen Sie mir doch einfach, den Rest dieser Flasche Wein zu vernichten, ja?«

Sie wartete seine Antwort nicht ab, goss ihm ein und setzte sich ihm gegenüber auf die Couch. Sie sah ihn prüfend an.

»Sie wirken ebenfalls etwas müde, Herr Türk. Zum Wohl.«

Türk erwiderte den Trinkspruch, nahm einen Schluck und setzte das Glas ab. Sie lehnte sich zurück, schlug die Beine übereinander und sah ihn neugierig an.

»Und jetzt legen Sie los. Ich habe morgen wieder einen anstrengenden Tag vor mir. Es ist ein ganz schönes Chaos, wie Sie sich denken können. Doktor Schön muss sich in Windeseile in alle Projekte einarbeiten, und ich assistiere ihm dabei.«

»Sie kündigen also nicht?«

»Ich habe es noch immer vor. Aber ich kann ihn jetzt nicht im Stich lassen. Er braucht mich.« Sie sah zur Seite und setzte leiser hinzu: » Wenigstens im Augenblick.«

»Die Firma wird also weitergeführt?«

»Ich gehe davon aus. Im Augenblick geht es in erster Linie darum, dass es keine Verzögerungen auf den Baustellen gibt.«

Sie wandte sich wieder ihm zu. »Aber das ist es doch nicht, was Sie wissen wollten, oder?«

Türk nickte. »Mich interessiert ein bestimmter Vertrag, Frau Kühn. Ein Vertrag zwischen der Losswitz GmbH und einem gewissen Herrn Anetzberger junior. Es geht darin um ein Haus in Obergiesing.«

»Ein Kaufvertrag?«

»Vermutlich eher eine Art Vorvertrag«, präzisierte Türk.

Sie blickte zur Zimmerdecke.

»Anetzberger… Obergiesing…«, wiederholte sie für sich.

»Der Vertrag müsste vor längstens 14 Tagen, kürzestens vor 10 Tagen abgeschlossen worden sein.«

»Dann sollte ich mich eigentlich daran erinnern können. Verträge dieser Art gehen alle über meinen Tisch.«

»Und? Ist er es?«

Sie schüttelte bestimmt den Kopf.

»Da gab es keinen Vertrag. Anetzberger, sagten Sie? Ich erinnere mich, dass davon einmal zwischen Doktor Schön und Herrn Losswitz die Rede war. Möglich, dass da etwas in Vorbereitung gewesen ist. Aber es ist mit Sicherheit zu keinem Abschluss gekommen. In diesem Gespräch ist es übrigens auch um etwas anderes gegangen.«

Türk beugte sich neugierig vor.

»Es wird Ihnen nicht weiterhelfen, Herr Türk.«

»Überlassen Sie's mir.«

»Also: Ich meine mich erinnern zu können, dass man über diesen Anetzberger junior gesprochen hat. Herr Losswitz hat sich ziemlich abschätzig über ihn geäußert. Er habe Informationen, dass dieser Herr Anetzberger sich bei einer Spekulation hoch verschuldet hat. Er wisse das von einem Golfpartner.«

Türk runzelte die Stirn.

»Er ist Anlageberater, um es genauer zu sagen.« Sie beugte

sich vor. Ihre Augen funkelten. »Ein Schwein, um es noch genauer zu sagen. Er muss diesen Herrn Anetzberger dazu überredet haben, sehr viel Geld aufzunehmen, um es bei ihm anzulegen. Die Sache ging natürlich in die Binsen. Aber so kam Herr Losswitz überhaupt an dieses Projekt.«

»Was dem Herrn Anetzberger aber erst einmal nichts nützte, weil sein Vater noch lebte, und er die Schulden jetzt hatte«, warf Türk ein.

»So dürfte es gewesen sein«, stimmte Irene Kühn zu. »Ich kann mir deshalb gut vorstellen, dass Losswitz diesen Umstand ausnutzen und ihm einen Vorvertrag diktieren wollte, bei dem dieser Herr Anetzberger nicht unbedingt gut wegkam, aber mit einer Vorab-Anzahlung erst einmal einen Teil seiner Geldsorgen los war.«

Türk wiegte das Weinglas in seiner Hand.

»Das... das ist eine ziemliche Schweinerei, oder?«

»Allerdings. Aber es ist nur eine Vermutung. Ich kann es nicht beweisen.«

»Wenn Sie es mir aber trotzdem gesagt haben, dann heißt das wohl, dass Sie Losswitz so etwas zutrauen.«

»Ja«, sagte sie hart. »Und ich würde mich überhaupt nicht wundern, wenn er dieses Spielchen nicht auch mit so manch anderen getrieben hätte«. Sie sah ihn schräg an. »Was schauen Sie mich so zweifelnd an?«

»Ihre plötzliche... wie sag ich... Empörung wundert mich ein bisschen.«

Sie schlug ihre Augen nieder.

»Ich kann Ihnen nicht vorschreiben, was Sie von mir denken«, sagte sie ernst... »Aber mir sind erst im Nachhinein einige Dinge etwas klarer geworden, die sich in unserer Firma abgespielt haben. Womöglich wollte ich gewisse Dinge auch nicht sehen. Aber jetzt fühle ich mich ein wenig dafür verantwortlich, was geschehen ist. Und deshalb werde ich in

Zukunft jedem, der es hören will, sagen: Losswitz konnte ein brutaler Typ sein. Es ist überhaupt kein Wunder, wenn eines seiner Opfer durchgedreht und ihm an die Gurgel gegangen ist, ein Wunder ist höchstens, dass es nicht schon eher passiert ist. Wenn es also für diesen Herrn Lamm ein wenig vorteilhaft ist, dass die Richter wissen, was für ein Schuft Losswitz gewesen ist, dann kann sein Anwalt auf meine Aussage zählen. Das können Sie ihm ausrichten.«

»Was spielt Doktor Schön eigentlich für eine Rolle dabei? Hat er von diesen Machenschaften gewusst?«

»Losswitz hat ihn bestimmt nicht jedes Mal in die Karten schauen lassen. Schön ist eher ein Weichei. Ein treues Hunderl seines Herrn.«

»Aber Sie lieben ihn noch immer.«

»Tja«, murmelte sie. »Wo sie eben hinfällt, die Liebe…« Sie starrte in ihr Glas und schwieg. Dann schüttelte sie den Kopf.

»Ich bin mir aber sicher, dass er mit dieser Sache nichts zu tun hatte.« Sie sah auf. »Aber sagen Sie, Herr Türk: Sie und der Anwalt gehen doch trotz allem davon aus, dass dieser Herr Lamm unschuldig ist.«

»Ja«, log Türk. »Natürlich.«

»Mit anderen Worten: Sie gehen davon aus, dass es jemand anders gewesen ist, der Losswitz umgebracht hat.«

»Logische Folgerung«, sagte Türk.

Sie lächelte schwach. »Nachdem Herr Doktor Schön und ich aus Gründen, die Ihnen und uns bestens bekannt sein dürften, als Täter nicht in Frage kommen dürften – wer bliebe dann noch?«

»Jemand aus dem privaten Umfeld von Losswitz?«, gab Türk die Frage zurück.

Irene Kühn verneinte nachdrücklich. »Sein Bruder lässt es sich vom väterlichen Erbe auf Mallorca gut gehen. Was sein

Liebesleben betrifft, so regelte Gerd Losswitz dies gewissermaßen… à la carte. Details haben mich allerdings nie interessiert.« Ihre Lippen wurden schmal. »Sie waren mir zu – zu degoutant, wenn Sie verstehen, was ich damit andeuten will.«

Türk verstand. Für Männer wie Losswitz war das Leben ein einziges Geschäft. Was er brauchte, kaufte er sich.

Sie holte ihn aus seinen Gedanken: »Bitte entschuldigen Sie, wenn ich mir Ihren Kopf zerbreche. Aber was eigentlich ist mit diesem Herrn Anetzberger junior? Warum wird er nicht verdächtigt?«

»Ich habe darüber nachgedacht«, gab Türk zu. »Dann allerdings hätte Bebbe aber zuvor rausgekriegt haben müssen, dass man ihn zum Hanswurst gemacht hat. Und das bezweifle ich. Wer sollte es ihm gesagt haben?«

»Ich jedenfalls nicht«, beteuerte Irene Kühn. »Und Doktor Schön auch nicht. Dazu war er zu loyal. Außerdem hatte er Geld in die Firma eingelegt. Ein Skandal hätte auch ihm geschadet.«

Sie verstaute eine Nackensträhne in ihre Steckfrisur zurück. Türk bemerkte, dass sie keinen Büstenhalter trug. Er trank sein Glas aus und stellte es vor sich ab.

»Nur noch eine Frage.«

»Bitte«, lächelte sie. »Es ist… es ist doch sehr angenehm, mit Ihnen zu plaudern.«

»Dieser Herr Lamm –«, Türk stockte irritiert. Er hatte festgestellt, dass ihn ihr Lob geschmeichelt hatte, »– dieser Herr Lamm hat etwas Eigenartiges über sein Treffen mit Losswitz ausgesagt: Nämlich, dass dieser so getan haben soll, als würde er von einer Verabredung überhaupt nichts wissen.«

»Das ist albern!«, entgegnete sie. »Losswitz hat mir einen Zettel mit seinem Terminvorschlag auf dem Schreibtisch hinterlegt. Daraufhin habe ich Herrn Lamm angerufen.«

»Es war wirklich Losswitz' Schrift?«

»Aber sicher! Er hat stets in diesen typischen Architekten-Großbuchstaben geschrieben und sein Kürzel daruntergesetzt. Warum zweifeln Sie?«

»Berufskrankheit«, meinte Türk achselzuckend.

»Für einen Streifenbeamten sind Sie aber ziemlich gründlich.«

Er winkte unbeholfen ab und stand auf. Sie folgte seinen Bewegungen mit den Augen.

»Sie… Sie wollen gehen?« Sie deutete auf die Flasche und zwinkerte. »Sie haben gelobt, die Welt vom Alkohol zu befreien.«

Türk lächelte bedauernd. »Nur noch eine allerletzte Frage, Frau Kühn. Sie haben gesagt, dass dieser Vertrag oder Vorvertrag noch nicht unterzeichnet worden ist. Sind Sie da wirklich sicher?«

»Mehr als das, Herr Türk. Wie ich Ihnen schon sagte, gehen sämtliche Verträge über meinen Schreibtisch. Ich sehe keinen Grund, warum eine Ausnahme gemacht worden sein sollte.«

»Na, vielleicht war der Grund, dass es sich bei dieser Angelegenheit um eine handelte, bei der es irgendwie nicht ganz koscher zugegangen ist?«

»Und dass sie deshalb nicht in unserern Unterlagen auftauchen durfte? Entschuldigen Sie, aber das ist Quatsch. Herr Losswitz hatte so was gar nicht nötig. Er hat es sich leisten können, sich streng an das Gesetz zu halten. Gab es Widerstände, konnte er sie mit Geld brechen.«

»Aber wie ist dann zu erklären, dass sowohl der Anetzberger-Sohn als auch Herr Lamm trotzdem davon ausgehen, dass ein Vertrag existiert?«

»Vielleicht neigt dieser Sohn zu Phantasien?«

»Der Bebbe?« Türk musste lachen. »Zu allem neigt er, nur nicht zu so was.«

Ihre Stimme wurde dunkel.

»Haben Sie eigentlich welche?« Sie sah ihn offen an. »Phantasien anderer Art, meine ich?«

Etwas war in ihrer Stimme, das seinen Puls beschleunigte.

»Weiß nicht«, sagte er dumm.

»Darf ich Ihnen helfen?« Sie zwinkerte ihn verunglückt an. »Bleiben Sie doch noch ein wenig. Es tut gut, mit Ihnen zu reden. Sie bringen mich auf seltsame Weise wieder ins Gleichgewicht. Verstehen Sie das?«

»Sie sind –«

Sie ergänzte lächelnd: »Eine schnell entschlossene Frau, ja. Oft zu meinem Schaden, weil ich nicht die Folgen bedenke.«

Sie stand auf, ging wiegend auf ihn zu und maß ihn mit einem Blick unter schweren Lidern.

»Aber manchmal sollte man nur an das Jetzt denken, hm? Man kann sich irren, aber manchmal ergibt sich aus einem Irrtum eine unverhoffte Chance. Und wenn ich eines in den vergangenen Tagen gelernt habe, dann ist es das, dass das Leben sehr kurz sein kann.« Sie trat nahe an ihn heran. »Und keine Angst, Herr Türk. Ich habe meine Lektion gelernt. Ich bin nicht mehr anhänglich. Ich bin also, wenn sie so wollen, eine erfahrene Frau.«

»Ich... ich... ich...«, stotterte Türk. Er roch ihren Duft. Ein Schauder rieselte seinen Rücken hinab. Er versteifte sich. Sie sah ihn unverwandt an. Etwas befahl seinen Armen, sich um sie zu legen.

»Sie gefallen mir, Herr Türk«, flüsterte sie. »Sie gefallen mir... gut.«

So viel zum Thema Willensfreiheit, dachte er. Die Biologie tobte. Er begann zu schmelzen.

Da ist was faul, warnte ein Rest Vernunft in ihm. Die Chefsekretärin und der Streifenbeamte! Etwas widersprach: War es nicht einfach so, dass endlich wieder einmal eine Frau erkannte, was für ein toller Hecht er eigentlich war?

»Welche verdammten Gedanken wälzen Sie jetzt, Herr Türk?«, fragte sie weich.

»Dass ich jetzt, egal was ich tu, einen Fehler machen werde«, brachte er heraus.

»Das stimmt«, gurrte sie. Sie fixierte einen Punkt auf seiner Brust. Sie strömte Wärme aus. »Aber dann ist es doch egal, welchen wir begehen, nicht wahr?«

Türk war in Aufruhr. Sein Herz pochte an seine Rippen. Er fühlte Nässe in seiner Hose. Aber noch gab es diese andere Seite seines Instinkts. Wenn du dich nicht mehr auskennst, schlug dieser vor, stell dich einfach tot. Wie du's immer tust, wenn's brenzlig wird.

Er hielt die Luft an. Er stand da wie ein Idiot. Nimm sie endlich in den Arm, du Blödmann!, hämmerte es in ihm.

Es musste dieser verdammte, berüchtigte Bruchteil einer Sekunde gewesen sein, den er zu lange gezögert hatte. Sie trat einen Schritt zurück. In ihrer Miene mischten sich Enttäuschung und freundlicher Spott.

»Sie sind vorsichtig, nicht wahr?«, sagte sie, merklich kühler. »Ängstige ich Sie so sehr?«

»Ich…«, Türk räusperte sich einen Kloß aus der Kehle. »Ich… muss unbedingt noch –«

Sie fiel ihm mit eisigem Verständnis ins Wort: »Dann tun Sie das doch, Herr Türk.«

KAPITEL 26

Er hatte eine Ahnung. Das Wirrwarr um die Dinge, die ihn bisher irritiert hatten, und nicht nur ihn, sondern alle, die an Lamms Schuld zweifelten, begann sich zu aufzulösen. Jetzt brauchte er Beweise.

Er bahnte sich einen Weg durch das überfüllte *Loher Stüberl*.

»Was? Der Sheriff schon wieder?«, empfing ihn Bebbe, gehässig durch den Lärm dröhnend. »Könnt es sein, dass du da was nicht ganz kapierst, Sheriff? Nämlich, dass ich keine Lust hab, mir dir zu reden?«

Türk zwängte sich neben ihn an die Theke.

»Dann wärst du schön blöd, Bebbe«, sagte er vieldeutig.

Bebbe parierte mit einem abschätzigen Blick: »Was du meinst oder nicht, Sheriff, das ist mir praktisch so wurscht, wie wenn in Peking ein Radl umfällt.« Er wuchtete seinen Körper herum und zog seine schafsäugige Geliebte schwungvoll an sich. Sie lachte kehlig auf.

Türk neigte sich an Bebbes Ohr.

»Auch noch, wenn ich dir sag, dass du dir deinen Vorvertrag sonstwohin stecken kannst?«

Bebbe drehte sich abrupt um. Zwischen seinen Brauen bildete sich eine wulstige Falte.

»Was für ein Vorvertrag denn?«

Türk richtete sich wieder auf.

»Frag nicht so dumm. Über den Hausverkauf, den du mit dem Losswitz abgeschlossen hast.«

Bebbe grinste höhnisch. »Na, du wirst es ja wissen.«

»Den hast du doch mit dem Losswitz abgeschlossen?«

Bebbes Grinsen wurde breiter. Er warf seinen Zigarillostumpen in den Aschenbecher und hob das Bierglas an seine Lippen.

»Du weißt ja eh alles. Wieso soll ich es dir dann noch sagen?« Er trank ausgiebig und stellte das Glas ab. »Und? Ist das endlich alles gewesen?«

»Noch nicht ganz, Bebbe. Es stimmt doch, dass du ziemlich auf die Schnauze gefallen bist mit deiner Spekulation, oder?«

»Das geht dich erstens nichts an, und ist zweitens noch nicht raus. Der Fonds ist –«

Er musste rülpsen. Türk half ihm: »Geplatzt, Bebbe. Da erholt sich nichts mehr, und da kommt auch nie mehr was dabei raus. Wie viel waren es? Dreißigtausend? Fünfzig? Wieviel hast du dir geliehen, um da einzusteigen?«

»Geht dich einen Scheißdreck an«, presste Bebbe mühsam beherrscht hervor.

»Da hast im Prinzip Recht«, gab Türk zu. »Aber du siehst es vielleicht ein bisserl anders, wenn ich dir sag, dass der Gauner, der dich in die Geschichte reingeritten hat, ein Golf-Spezl vom Losswitz gewesen ist.«

Bebbe stierte ihn entgeistert an. Dann schubste er seine Begleiterin von sich, ohne sich um ihr Maulen zu kümmern.

»Sag das noch mal«, sagte er rau.

»Zähl einfach eins und eins zusammen. Wenn du's nicht schaffst, dann helf ich dir: Der eine hat dich erst ruiniert, damit dich der andere umso leichter an den Haken kriegt. Die haben sich wahrscheinlich schon lange die Bälle zugespielt. Und die windige Anzahlung, die du wahrscheinlich gekriegt hast, hat der Losswitz aus der Portokasse genommen. Für dich aber war's wahrscheinlich fürs Erste die Rettung.«

Eine dunkle Rötung hatte Bebbes Gesicht geflammt. Seine kleinen, wässrigen Augen blieben einige Sekunden starr auf Türk geheftet.

»Was faselst du da? Möchst mich verarschen, oder was?«, fragte er. »Ist das… wahr?«

»Danach schaut's jedenfalls aus«, bestätigte Türk ungerührt. »Der Losswitz hat dich ausgeschmiert.«

Als hätte er das Knäuel widerstrebender Gedanken in seinem Hirn endlich entwirrt, hellte sich Bebbes Gesicht wieder auf.

»Du möchst mich verarschen«, sagte er. »Aber da hast dich gebrannt, Sherriff. Mich legst du nicht rein.«

»Wenn du meinst?«, gab Türk achselzuckend zurück. »Ich wüsst aber nicht, was ich davon hätt. Und zu ändern ist ja eh nichts mehr, wenn du schon unterschrieben hast. Ich frag mich bloß, wie du dir das vorgestellt hast mit dem Verkauf. Dein Vater hat doch in seinem Testament wahrscheinlich ein paar Sachen festgelegt, die es dir gar nicht erlauben, das Haus auf die Schnelle zu verkaufen.«

Bebbe steckte sich eine neue Zigarillo zwischen seine fleischigen Lippen. »Pah. Der alte Depp kann reinschreiben, was er will. Dem Losswitz und seinen Paragrafenfuchsern ist bei so was noch immer was eingefallen.«

»Glaub ich dir aufs Wort«, sagte Türk. »Aber der ist halt jetzt tot, gell.«

Bebbe riss bedächtig ein Streicholz an und zündete seinen Zigarillo an.

»Das ist Pech für ihn.« Seine Augen verschwammen hinter einer Rauchwolke. »Aber nicht für mich.«

»Hast du eigentlich mit dem Losswitz direkt verhandelt?«

»Mit wem denn sonst?«

»Dem Doktor Schön beispielsweise.«

Bebbe legte beide Arme auf die Theke und dachte eine Weile nach. Dann drehte er sich zu Türk.

»Das darfst jetzt nicht persönlich nehmen, Sheriff«, sagte er boshaft. Türk wich zurück. »Aber kann's sein, dass du ein ziemliches Arschloch bist? Weißt du, was du mich langsam kannst?«

»Ich bin schon fertig«, wiegelte Türk ab. »Aber ich tät mir an deiner Stelle diesen Vertrag noch einmal genau anschauen. Es könnt nämlich gut sein, dass du dann für längere Zeit kein Klopapier mehr brauchst, weil –«

»Ich hab dich was gefragt, Sheriff«, unterbrach Bebbe, gefährlich beherrscht. »Ob du weißt, was du mich langsam kannst, hab ich dich gefragt. Kommst selber drauf, oder soll ich dir nachhelfen?«

Der Wirt hatte die beiden schon seit geraumer Zeit aus den Augenwinkeln beobachtet.

»Noch eins?«, ging er jetzt dazwischen. Er griff nach Bebbes Glas. »Und mach mir keinen Stress, verstanden? Mach mir bloß nicht schon wieder Stress. Sei so gut, ja?«

Türk nützte die kurze Ablenkung. Er beugte sich nah an Bebbes Ohr und sagte leise: »Wenn da zum Beispiel irgendwas gemauschelt worden ist, dann ist der Vertrag wahrscheinlich gar nicht gültig.«

Bebbe fuhr herum.

»Was soll da gemauschelt worden sein?«, spuckte er hasserfüllt.

Türk ging wieder auf Abstand.

»Was weiß ich? War bloß so dahingesagt, Bebbe.«

Er legte seine Finger an die Schläfe und ging hinaus. Als die Türe hinter ihm zugefallen war, hielt er Ausschau nach einem Hauseingang, von dem aus er die Kneipe observieren konnte.

Er hatte noch keine zehn Minuten gewartet und war gerade darin vertieft, seinem Feuerzeug ein Restflämmchen zu entlocken und sich damit eine Zigarette anzuzünden, als ein Schwall lauter Stimmen, Lachen und Musik aus dem *Loher*

Stüberl schwappte, um Sekunden später wieder zu ersterben.

Eine massige Gestalt, mit den Armen um sich sichelnd und leicht schwankend, stiefelte eilig davon.

Auch Türk setzte sich in Bewegung. Er beschleunigte seinen Schritt nicht, als Bebbe kurz danach von der Dunkelheit verschluckt wurde.

Er wusste, wohin er gehen würde.

KAPITEL 27

Was ist denn passiert? Was –

»Bleibens ganz ruhig. Ganz ruhig, ja?«

Die Stimme klingt fern und wattig.

»Bleibens liegen, ja? Die Spritze wird gleich wirken. Nicht bewegen, okay? Alles in Ordnung. Nix passiert.«

Und wieso kann ich mich nicht rühren?

»Nicht bewegen, hab ich gesagt. Es ist alles in Ordnung, alles in Ordnung.«

Wieso ich mich nicht rühren kann, verdammt noch mal!

»Wie schaut's aus mit ihm?«

Das… das ist doch der Reiter? Wo kommt denn der auf einmal her?

»Er hat grad nochmal gekotzt, Herr Kommissar. Das ist ein gutes Zeichen.«

Gekotzt? Wann hab ich gekotzt?

»Nein, der wird schon wieder. Hab ihm grad noch eine Spritze gegeben. Der Kreislauf tut's auch schon wieder. Wir schauen ihn uns aber drüben auf alle Fälle noch mal genauer an.«

»Na, Gott sei Dank. Zwei Leichen auf einmal hätten mir grad noch gefehlt.«

Leiche? Was schwafelt der Reiter da von einer Leiche?

»Und im ersten Stock oben? Wie schaut's da eigentlich aus?«

»Sagen wir: Ein Blinder wenn's sehen tät, tät's ihn freuen.«

Sehr witzig, Reiter. Sehr witzig.

»Hahaha. Immer einen Spaß auf Lager, der Herr Kommissar. Aber jetzt im Ernst. Wissen Sie jetzt schon Genaueres, was da drin eigentlich passiert ist?«

Das möcht ich auch endlich wissen.

»Noch nicht genau. Eine Nachbarin hat angerufen. Erst haben wir den Kollegen Türk bewusstlos auf dem Treppenabsatz gefunden, und danach in der Wohnung den Toten.«

Wieso Toten?

»Aber es war doch nicht er, der –«

»Den anderen davor umgebracht hat? Haha! Wenns eine Idee haben, wie einer, der grad erwürgt worden ist, noch einen umhauen kann, dann denk ich drüber noch mal nach.«

»Der Kollege wird im Dienst gewesen sein, oder?«

»Nein, aber dafür gibt's bei uns so einen Spruch über ihn: Wo der Türk, da ein Toter. Haha.«

»Hahaha!«

Ha-ha-ha! Ach, Reiter…

»Nicht bewegen, hab ich gesagt! Herr – wie heißt er gleich wieder? Türk, oder? Alles in Ordnung, Herr Türk, alles in Ordnung. Aber sagens, Herr Kommissar – wenn er nicht im Dienst gewesen ist, was hat er denn da verloren gehabt?«

Wo was verloren? Wo bin ich denn überhaupt?

»Das tät uns alle interessieren. Naja, er wird's uns bald selber sagen können, oder? Wann werden wir mit ihm reden können? Morgen Vormittag?«

»Immer mit der Ruhe, Herr Kommissar. Jetzt lassens ihn erst einmal ausschlafen, ja? Er macht jedenfalls einen robusten Eindruck, der Kollege.«

»Der Türk ist für seinen Dickschädel ja auch bekannt. Haha.«

Halt doch dein saudummes Maul, Reiter.

»Also, ich kann nichts versprechen, aber ich schätz mal, morgen Nachmittag ist er wieder auf dem Damm. Eher geht erfahrungsgemäß nichts.«

»Naja, Hauptsach, er fängt sich wieder. Er schaut aber trotzdem ganz schön weggetreten aus, was?«

Stellt doch endlich einer dieses verdammte Summen ab. Ich komm mir ja vor wie in einem Bienenkorb!

»Habens Recht, Herr Kommissar. Und ein bisserl unruhig ist er immer noch. Irgendwas hat er. Irgendwas treibt ihn um.«

Ist ja auch kein Wunder! Sagt mir jetzt endlich mal einer, was los ist? Und was das Gerede von einem Toten soll?

»Wird ihm auch nichts bleiben?«

»Hundertpro kann man so was nie sagen, Herr Kommissar. Ich schätz, er wird halt ein paar Tag mit einem sauberen Pinkel in der Gegend rumlaufen. Aber mehr als wie eine anständige Gehirnerschütterung seh ich erst einmal nicht.«

Und woher hab ich… die… die Gehirn… dings…

»Bleibens liegen, hab ich gesagt! Können mich hören? Es ist alles in Ordnung, hab ich gesagt. Ganz ruhig.«

Hör doch endlich auf…. mit deinem blöden… ›ganz ruhig‹… woher hab ich… die…

»Na? Jetzt dürft die Spritze aber langsam einmal anschlagen. Der hat ja eine Gegenwehr, das ist ja fast nimmer normal.«

Was… was werd ich…. auf einmal so… so müd.

Ach… schön ist das…. schön.

»Was brabbelt er da? Hab ich richtig gehört? Schön?«

»Ich hab auch ›schön‹ verstanden.«

»Haha! Der Türk! Der findet's schön, wenn's ihm eine über den Schädel geben?«

»Naja, vielleicht ist er Masochist? Muss man das nicht sein, wenn man bei der Polizei ist?«

KAPITEL 28

Türk, Türk…«, seufzte Schwab. »Jetzt hab ich schon gehofft, ich wär dich endgültig los, aber nein. Wieder nix.«

»Tut mir ja Leid, Chef«, sagte Türk.

Der Inspektionsleiter beugte sich über ihn:

»Lass mal anschauen, wo er dich erwischt hat.«

Türk drehte den Kopf auf dem Kissen und zeigte auf eine Stelle hinter dem Ohr.

»Ist nicht so wild.«

»Und? Noch Kopfweh oder so?«

»Ich könnt schon längst wieder raus. Aber diese Ärzte müssen ja immer gleich übertrei–«

»Du erholst dich trotzdem erstmal, klar?«, fiel ihm Schwab ins Wort. »Untersteh dich und steh auf!«

Schwab griff sich einen Hocker und setzte sich. Er grinste schief.

»So bist mir jedenfalls am liebsten.«

Türk lächelte schwach. »Unter Beobachtung?«

»Genau.«

Eine Weile schwiegen sie.

»Was passiert ist, weißt du ja«, begann Schwab schließlich. »Der Tote heißt Anetzberger. Er ist erdrosselt worden. Die Wohnung war durchwühlt. Ob Geld oder Wertsachen fehlen, weiß noch keiner.«

Türk sagte nichts.

»Und du hast wirklich nicht gesehen, wer dich so zugerichtet hat?«

»Soweit ich's noch zusammenbring in meinem Hirn, bin ich die Treppe rauf. Die Tür ist einen Spalt offen gestanden. Wie ich rein bin, hab ich schon eine gefangen. Wer's war, hab ich nicht gesehen. Ist einfach zu schnell gegangen.«

»Wahrscheinlich ein Einbrecher, hm? Oder was glaubst du?«

»Kann sein«, sagte Türk. »Der Bebbe Anetzberger hat sich ja überall schon als reicher Erbe feiern lassen.«

»Und eine Ahnung hast du auch nicht, wer es gewesen sein könnte?«

Türk wich Schwabs Blick aus. »Das ist Sache der Kripo, sagst du doch immer.«

»Richtig. Und wie hast du den Kollegen von der Mordkommission erklären können, dass du ausgerechnet in einem Haus gefunden worden bist, in dem der Mörder – jaja, der mutmaßliche – aus dem Losswitz-Fall gelebt hat? Und wie das, dass du mit dem Opfer kurz vorher noch in einer Untergiesinger Bierbeizen gestritten hast? Und auch noch das, dass ihr beide fast gleichzeitig aus dieser Beizen raus seid? Ist dir da wenigstens was Gescheites eingefallen?«

»Hab ihnen gesagt, dass ich den Bebbe – also das Opfer – privat kenne. Von früher, über seinen Vater. Und dass wir uns aussprechen haben wollen.«

»Und das haben sie dir geglaubt.«

»Hat ja jeder bestätigen können. Wir waren zwar nicht die engsten Freunde, aber wir haben uns gekannt. Was hätten sie denn anderes tun können als es glauben?«

Schwab stemmte sich auf seine Knie.

»Das, was ich jetzt auch am liebsten machen würd, Türk!«, sagte er beherrscht. »Aus dir herausquetschen, was die ganze

Wahrheit ist. Egal, ob du grad am Abkratzen bist oder nicht. Dass du mich nicht anlügst, weiß ich. Aber ich hab meine Zweifel, ob du nicht manchmal das eine oder andere für dich behältst. Und das passt mir genauso wenig, wie wenn du mich anlügen tätst. Ich hab dich schon einmal gewarnt, Türk. Verscherz es dir nicht mit mir.«

»Na gut«, gestand Türk. »Ich hab mich ein bissl erkundigt. Ganz privat, das kann doch nicht verboten sein. In der Nachbarschaft kennt man sich eben. Keiner hat glauben können, dass der, den sie verhaftet haben, ein Mörder sein soll.«

»Zu deutsch: Du hast selber ermittelt. Im Mordfall Losswitz«

»Rumgefragt, Chef«, korrigierte Türk kleinlaut. »Ein bissl rumgefragt. Ganz privat.«

»Verstehe«, sagte Schwab gallig. »Und du bist – ganz privat – nicht bloß zu völlig anderen Ergebnissen wie die Mordkommission gekommen, sondern wärst dabei – ganz privat – auch fast noch erschlagen worden.«

»Jetzt übertreib du nicht auch noch, Schwab. So schnell kriegt mich keiner unter.«

»Dein Dickschädel hält einiges aus, stimmt«, bemerkte der Inspektionsleiter. »Und? Was hast du rausgekriegt? War's dieser Buchladenbesitzer oder war er's nicht?«

»Ich hab bloß rausgekriegt, dass da ein paar Sachen nicht zusammenpassen.«

»Und der Herr Polizeiobermeister Türk, der bei der Neunundzwanziger Inspektion für nichts anderes zuständig als für Schutz- und Ordnungsaufgaben ist, hat sie mit links passend machen können, seh ich's recht?«

»Eben nicht, Chef. Ich hab zwar rausgefunden, dass alles damit zusammenhängen muss, dass Bebbe Anetzberger von diesem Losswitz ausgetrickst worden ist. Aber mehr, als dass es damit auch jemand anders gegeben hat, der einen Hass auf

Losswitz gehabt hat, bedeutet das ja erst mal nicht. Vor allem nicht, dass der Hauptverdächtige unschuldig ist.«

»Vor allem nutzt es dir nichts, weil dieser zweite Verdächtige ja jetzt ebenfalls umgebracht worden ist«, stellte Schwab fest.

»Ich hab zwar noch eine andere Hypothese, aber da müsst ich noch –«

Schwab ließ ihn nicht ausreden. »Nichts musst du, verstanden?«, sagte er streng. »Du lässt ab jetzt deine Pfoten von der Sache, Nachbarschaft hin oder her. Mach mich bloß nicht schon wieder grantig. Du erholst dich erst einmal, klar?«

Er stand auf.

»Ob das klar ist?«

»Okay«, sagte Türk. »Sag mir bloß noch, was beim Ali rausgekommen ist.«

»Die hängen das wieder tiefer. Sie nehmen ihm ab, dass er kein Rechter ist, und dass er an dem Abend den Witz nicht erzählt hat, sondern nur gesagt hat, dass es diesen blöden Witz gibt. Außerdem redet in der Presse eh keiner mehr darüber. Weißt es ja, wie's ist. Da wird jede Woche eine neue Sau durchs Dorf getrieben.«

»Ein Nazi oder so was ist der Ali ja nicht, oder?«

Der Inspektionsleiter schüttelte den Kopf.

»Er denkt halt manchmal bloß bis zum nächsten Hauseck.« Er sah an Türk vorbei. »Was NPD-ler oder früher die Republikaner betrifft, so haben wir aber schon einen bei uns, keine Sorge.«

»Wer?!«

»Geht dich nichts an.«

»Der Brunner?«

»Wenn du's nicht weißt, dann ist es gut, Türk. Weil er sich dann nämlich daran hält, was ich ihm dringend empfohlen hab. Nämlich, dass er in der Arbeit den Schnabel zu halten hat. Mehr geht's mich aber auch nicht an, solang er seine Arbeit anständig macht. Und das tut er bisher.«

»Er zieht seinen Kopf ein.«

»So lang die Braunen nicht viel zu melden haben, wird er's jedenfalls tun. War aber durchaus schon mal anders. Seinerzeit, wie die Schönhuber-Leute in den Stadtrat gekommen sind. Aber spar dir, mir Ratschläge zu geben, wie ich damit umgehen soll, ja? Noch kann jeder denken, was er will. Sogar einer wie du.«

Schwab sah auf seine Armbanduhr und runzelte die Stirn. Dann stand er auf und streckte sich. Er griff in seine Jackentasche und zog einen Notizzettel heraus.

»Bevor ich's vergess. Das hat der Maierhofer aufgeschrieben. Du sollst da zurückrufen.«

Türk nahm den Zettel in Empfang. Als er die Nummer las, fühlte er den argwöhnischen Blick Schwabs auf sich ruhen.

»Ist privat«, erklärte er. »Nichts Wichtiges.«

»Privat«, echote Schwab skeptisch. Er nickte Türk aufmunternd zu und ging.

Türk wartete und lauschte, bis Schwabs Schritte auf dem Flur verklungen waren. Dann kramte er mit fliegenden Bewegungen sein Handy aus dem Nachtkästchen und tippte auf die Tasten.

Irene Kühn meldete sich sofort. Sie war in Tränen aufgelöst.

»Wo sind Sie?«, wollte Türk wissen. Er saß bereits aufrecht im Bett.

»Im Büro… ich… ich wollte…. es… ist alles aufgelöst… das ganze Geld… Ich muss Ihnen etwas gestehen…«, schluchzte sie. »Er… er hat mich betrogen… hat alle Konten aufgelöst und… ist ohne mich…«

»Wer?!«, schrie Türk.

KAPITEL 29

»Nun geben Sie doch endlich ein bisschen Gas!«, fauchte Justus Schön.

Der Taxifahrer würdigte ihn keines Blicks.

»Ich hab's Ihnen jetzt schon ein paarmal gesagt –«

»Ja doch!«, fiel ihm Schön grob ins Wort: »Dass Geschwindigkeitsbegrenzung ist! Herrgottnochmal! Spielen Sie doch nicht den Pedanten! Wir werden dauernd überholt!«

»Zahlen Sie mir die Strafe?«

»Aber ich komme zu spät zum Flughafen!«

»Ich tu mein Möglichstes«, sagte der Taxler ungerührt. »Aber Sie haben ein Taxi bestellt und keinen Düsenflieger. Dass es bei Freimann allweil so eng wird, da bin ich ja schließlich nicht dran schuld, oder?«

»Quatschen Sie nicht«, zischte Schön. »Fahren Sie.«

»Na, was meinens, was ich grad tu?«

Schön presste die Lippen aufeinander. Er schob den linken Ärmel zurück und sah auf seine Uhr.

»Verdammte Scheiße…«

»Was habens gesagt?«

»Dass Sie draufdrücken sollen, Sie Lahmarsch!!«, brüllte Schön. »Ich verpasse den Flieger!!«

Der Taxifahrer warf ihm einen undefinierbaren Blick zu.

Ruhig fragte er nach: »Hab ich Ihnen grad richtig verstanden –?«

»Will ich doch hoffen!«

»– dass Sie mich ›Arsch‹ geheißen haben?«

»Lahmarsch! Lahmarsch habe ich Sie genannt, jawohl! Wissen Sie, was ich tun werde? Ich werde mich über Sie beschweren! Jawohl!«

Der Taxifahrer schickte einen beiläufigen Blick zur Rückbank. Er bremste bedächtig und scherte nach rechts aus.

»Was tun Sie da?!«

»Sehens doch«, gab der Taxler zurück, noch immer gelassen. »Ich bring Sie jetzt zur nächsten S-Bahnstation, okay?«

»Sind Sie wahnsinnig?!«

»Nicht direkt. Ich brauch mich bloß nicht beleidigen zu lassen, gell?«

»Fahren Sie sofort wieder auf die Autobahn!«, schrie Schön. »Ich bring Sie um!!«

»Das lassens lieber bleiben.« Der Wagen fädelte sich in die dicht befahrene Bundesstraße nach Neufahrn ein. »Wenns meinen, mir jetzt einen Radau machen zu können, lös ich Alarm aus. Es dauert dann ungefähr fünf Minuten, bis die Kollegen und die Polizei da sind. Dann könnt's wirklich knapp werden mit Ihrem Flieger.«

»Das… das wird Konsequenzen haben…«, presste Schön hervor.

»Kann sein«, meinte der Taxifahrer. »Aber was meinens, wie wurscht mir das ist?«

Schön krümmte sich in den Rücksitz. Sein Herz hämmerte. Er würde es nicht mehr schaffen. Der nächste Flieger nach Tobago via London startete nicht vor morgen früh. Bis dahin hätte ihn die Polizei längst aufgepickt. Wenn nicht bereits in München, dann spätestens auf dem Londoner Flughafen.

Was war schief gegangen? Wann hatte es angefangen, schief

zu gehen? Anfangs war alles reibungslos gelaufen. Losswitz war zu beschäftigt gewesen, um mitzubekommen, dass er, Schön, bereits fünf Projektverträge, alle im Stadtzentrum und in attraktivster Lage, unter der Hand auf seinen Namen abgeschlossen hatte. Bei allen Verkäufern hatte er mit einer kleinen Schwarzgeld-Zulage sicherstellen können, dass sie dichthalten würden, bis er aus der Losswitz-Firma ausgetreten und sich – zusammen mit seinem Einlagekapital – selbstständig gemacht haben würde. Es hätte in ein paar Wochen geschehen sollen, er wollte nur noch den endgütligen Kaufvertrag über das Anetzberger-Haus unter Dach und Fach bringen.

Der Plan war gut. Die Einzige, die ihn hätte scheitern lassen können, war Irene Kühn. Die aber liebte ihn. Und er sie. Er liebte sie von dem Tag an, als er sie zum ersten Mal gesehen hatte. Damals, als sie auf diesem Hof im Niederbayerischen aufgetaucht war. Wie hatte es ihn gepeinigt, als er feststellen musste, dass sie einen anderen aus der Gruppe ihm vorzog. Und wie glücklich war er gewesen, als sie, nachdem diese Beziehung grandios gescheitert war, sich schließlich doch noch für ihn entschied. Er war von ihrer Stärke, ihrer Klugheit und von ihrem Wagemut hingerissen. Sie hatte nur kurz gezögert, als er ihr seinen Plan vorschlug. Sein Plan? Immer wieder hatte sie ihm zu verstehen gegeben, dass sie sich nach einem anderen, einem freien und schönen Leben an seiner Seite sehnte. Und so fing er an, sich darüber Gedanken zu machen, wie er sich aus der Firma lösen und mit Tempo eine neue Karriere mit einer neuen, eigenen Firma starten könnte.

Dumm nur, dass sich beim Projekt Anetzberger-Haus herausstellte, dass einer der Mieter ein Kampfgenosse aus ihrer wilden Studentenzeit war – der bis zur Blödsinnigkeit aufrechte Idiot Friedemann Lamm. Allein dieser Name!

Das war nicht vorhersehbar gewesen.

Obwohl er dem beschränkten Hauserben, Bebbe, eingeschärft hatte, keinem Menschen von diesem Vertrag zu erzählen, hatte dieser vermutlich nicht dicht halten können. Woraufhin Lamm prompt versuchte, mit Losswitz Kontakt aufzunehmen. Zum Glück fing Frau Plenk den Anruf ab. Dass sie Losswitz nichts von diesem Anruf erzählen sollte, weil dieser im Augenblick eh genug am Hals hätte und er diese Angelegenheit selbst in die Hand nehmen würde, hatte sie ihm abgenommen.

Doch jetzt musste schnell gehandelt werden. Lamm würde irgendwann zu Losswitz durchdringen. Diesem wäre sofort klar, welche Machenschaften seit geraumer Zeit hinter seinem Rücken abliefen.

Kein Problem war, Losswitz' pingelige Druckschrift zu fälschen und den gutgläubigen Lamm dazu zu bringen, Losswitz nachts im Baustellenbüro aufzusuchen. Schön hatte sich in der Nähe verborgen. Was er hören konnte, bestärkte seine Befürchtungen: Losswitz warf seinen Besucher zwar nach kurzem Streit aus dem Büro, hatte zuvor aber sehr wohl Verdacht geschöpft, als Lamm ihm von einem Vertrag berichtet hatte.

Schön kannte Losswitz gut. Dessen nächster Schritt wäre gewesen, sofort sämtliche Verträge der vergangenen Monate zu überprüfen, ihn hochkant aus der Firma zu werfen, ihn mit einem Schadensersatzprozess nach dem anderen zu überziehen. Alles wäre aus gewesen. Alle Verträge würden rückgängig gemacht werden, seine Einlage wäre verloren. Er und Irene wären vor dem Nichts gestanden.

Gerd Losswitz musste also sterben. Es gab keinen anderen Weg. Es war nicht schade um einen wie ihn. Er war gierig und kalt.

Als Losswitz das Baustellenbüro verließ, zornbebend und entschlossen, schlug er zu. Die Betäubung wirkte sofort. Den schweren Körper zum Treppenschacht zu schleifen und über die Absperrung zu kippen, kostete Kraft.

An diesem Abend flatterten Schöns Nerven zum ersten Mal. Er hatte sich sofort zu seiner Komplizin aufgemacht. Zum Glück reagierte sie mit Umsicht. Er wusste, dass sie klug und stark war, aber er war trotzdem verblüfft, wie kühl sie alles gemanagt hatte.

In Windeseile war eine junge Nutte von der Friedensstraße aufgepickt und in seine Wohnung bugsiert worden. Er hatte mit ihr sogar noch ein paar Minuten Spaß gehabt, bevor die Trottel von der 29er Inspektion auftauchten.

Waren die Beamten der Mordkommission zunächst noch distanziert gewesen, so hatten sie sich bald höflich verabschiedet, als sich – nachdem sie Türks und Baiers Tagebucheintrag recherchiert hatten – das Alibi bestätigte.

Die Idee war genial. Alles hatte wie am Schnürchen geklappt. Lamm war sofort verhaftet worden. Er konnte nicht abstreiten, in der Mordnacht mit Losswitz am Tatort gewesen zu sein. Alles sprach gegen ihn.

Kurz hatte Schön einmal darüber nachgedacht, ob er, wenn Gras über alles gewachsen sein würde, Lamms Rechtsanwalt nicht darin unterstützen sollte, für seinen Klienten eine vorzeitige Entlassung zu beantragen. Es wäre zu überlegen gewesen. Es wäre gut angekommen. Auch bei so manch altem Genossen, die in der Vergangenheit zu ihm auf Distanz gegangen waren, von denen aber einige mittlerweile vermögend waren und als mögliche Kunden in Frage kommen würden. Kleinvieh, gewiss. Aber auch das macht schließlich Mist.

Aber erst einmal war wichtig, den Schein zu wahren. Die Firma musste weitergeführt werden, kein Verdacht durfte auf sie beide fallen. Er hatte vorgehabt, den schwer Getroffenen zu spielen, der nicht mehr die Kraft habe, die gemeinsam aufgebaute Firma weiter zu betreiben, und der deshalb seinen Anteil zum Verkauf anböte. Auch dieser Teil des geänderten

Planes funktionierte – erste Interessenten hatten sich bereits gemeldet.

Er träumte bereits davon, wie es sein würde, mit Irene ein neues Leben zu führen.

Bis dieser verdammte Bulle auftauchte, der zu viel Hercule-Poirot-Geschichten gelesen haben musste. Der den unbedarften Streifenpolizisten spielte, aber trotzdem etwas zu wittern schien. Und der wie ein Trüffelschwein auf die einzige Schwachstelle gestoßen war, die es in diesem Plan gab: Auf Bebbe Anetzberger.

Dann musste alles sehr schnell gehen. Irene Kühn hatte ihn gestern Nacht noch rechtzeitig gewarnt: Dieser Türk hätte Verdacht geschöpft und plane, dem blöden Bebbe genauer auf die Finger zu sehen. Der Vertrag durfte nicht bei ihm entdeckt werden. Der Betrug an Losswitz käme ans Tageslicht. Und damit auch, dass es vor allem Schön war, der einen Grund hatte, seinen Partner beiseite zu schaffen. Nicht lange würde es dauern, bis man auch die Finte mit dem Alibi entlarvt hätte. Die junge Prostituierte war zwar fürstlich entlohnt worden und schwor dafür, niemandem zu erzählen, dass – und vor allem ab wann – sie sich in Schöns Schlafzimmer aufgehalten hatte. Würde man ihr jedoch erklären, dass Mord im Spiel war, und ihr Beugehaft androhen, würde sie bestimmt einknicken.

Er war gerade dabei gewesen, im Chaos der verlotterten Wohnung Bebbes fündig zu werden, als Bebbe ihn überrascht hatte. Er war betrunken, drohte Krach zu schlagen, war keinem vernünftigen Argument mehr zugänglich. Er musste mundtot gemacht werden. Er war zu betrunken, um sich ernsthaft wehren zu können, als Schön das Kabel um seinen Hals warf. Er hatte Bebbes leblosen Körper gerade zu Boden sinken lassen, als er ein Geräusch an der Eingangstür vernahm. Ein Nachbar? Er postierte sich hinter der Tür, schlug zu und verschwand. Ein kurzer Blick bestätigte ihm: Es war wieder dieser verdammte Streifenbeamte, dieser Amateur-Poirot. Er hatte kurz überlegt, auch ihn ein für alle Mal auszuschalten, als er sah, dass es im Hinterhaus lebendig geworden war. Schnell machte er sich aus dem Staub. Niemand hatte ihn gesehen. Seine Gummihandschuhe stopfte er in den Müllkasten an einer Tankstelle in der Wasserburger Landstraße. Erschöpft fiel er in sein Bett. Seine Nerven rebellierten. Er schenkte sich mehrere Gläser Jameson ein. Er sehnte sich nach Irene. Doch sie hatte darauf bestanden: Kein Telefonat, solange die Ermittlungen noch andauern. Es war logisch. Es war alles logisch. Er musste einfach Nerven bewahren. Doch wenn er Irene nicht all die Zeit gehabt hätte, ihre Kraft, ihre Klugheit – hätte er die Kraft gehabt, alles durchzustehen? Er liebte sie. Er hatte sie immer geliebt.

Und die hatte ihn heute Vormittag – er war gerade auf dem Weg von einer Bankbesprechung zum Büro gewesen – angerufen, in rasender Aufregung. Er hatte sie noch nie so erlebt: Dieser Türk sei ihm auf der Spur. Sie könne ihn nur noch kurze Zeit hinhalten. Er müsse sich sofort aus dem Staub machen. Es ginge um Minuten. Sie sei ebenfalls dabei, alle Zelte abzubrechen, nähme aber sicherheitshalber eine andere Route. Er solle sich keine Sorgen machen. Die Überweisung auf die Bank in Tobago sei ihr soeben bestätigt worden.

Man träfe sich am vereinbarten Ort.

Es könnte noch klappen.

Und jetzt drehte dieser Trottel von Taxifahrer durch. Spielte den Gekränkten.

»Einen Fünfziger«, krächzte Schön.

»Pffh«, machte der Taxler.

»Hundert!«

»Und wenns mir einen Tausender geben – ich hab mich bisher noch immer im Spiegel anschauen können. So soll's auch bleiben, gell?«

»Ich entschuldige mich! Herrgottnochmal!«

»Jaja«, meinte der Taxler gelassen. »Wir sind gleich da. Schauens lieber, dass Sie die S-Bahn noch kriegen.«

Irgendetwas platzte in Schön. Er hechtete nach vorne und umklammerte den Hals des Fahrers. Der Wagen geriet ins Schleudern, drehte sich, schoss auf die Gegenfahrbahn und stellte sich quer. Sekunden später bohrte sich ein tschechischer Siebeneinhalb-Tonner in die Stelle, an der Schön saß.

Nach zwei Tagen gaben die Ärzte des Bogenhausener Krankenhauses auf. Hoffnung, ihn wie den Taxifahrer retten zu können, hatten sie nie gehabt.

KAPITEL 30

Endlich war es Sommer geworden. Den ganzen Tag über hatte eine kräftige Sonne die Stadt aufgeheizt, und jetzt, um Mitternacht, war die Luft noch immer mild.

Friedemann Lamm war vor zehn Tagen freigelassen worden. Er hatte sich einige Tage erholen müssen, bevor er Rechtsanwalt Demmer, Ruth, Patty und Friedl, Mira und Joe, die alte Frau Mühlbauer und natürlich Türk zu einem Abendessen im Hinterhof einlud. Der war noch in der Inspektion aufgehalten worden, und als er eintraf, war die Sonne bereits untergegangen. Das kleine Fest war längst im Gange.

Friedemann Lamm war aufgestanden und hatte ihn umarmt. Verlegen notierte Türk, dass die Augen des Antiquars nass schimmerten. Friedl schien vor Stolz zu platzen.

»Habt ihr mir noch etwas übrig gelassen?«, lenkte er ab. Patty sprang auf.

Wenig später stand ein Teller mit zwei Koteletts vor ihm, garniert mit Rosa Mühlbauers legendärem Kartoffelsalat, dessen Rezept sie der früheren Köchin des *Bayerischen Brünnls* schon vor langer Zeit abgeluchst hatte.

Joe schenkte ihm ein. Türk hob das Glas und prostete der Runde zu, die es lebhaft erwiderte.

Nachdem sie mit Befriedigung registriert hatte, dass ihre Schüssel bis auf den Grund leer geputzt war, zog sich die alte

Frau zurück. Türk wischte sich satt mit dem Handrücken über den Mund.

»Jetzt ist die Welt wieder in Ordnung«, scherzte er.

Lamm nickte bewegt.

»Vorläufig wenigstens«, warf Joe ein, während er eine neue Kerze aufsteckte. »Mal schauen, was der neue Eigentümer vorhat.«

»Keine Panik zur Unzeit, Herr Seebauer. Was die Einhaltung des Testaments betrifft, werde ich ihm auf die Finger sehen«, versprach Demmer. Schwungvoll kippte er seinen Wein in seine Kehle.

Es wurde stiller. Eine Grille zirpte. Von irgendwoher flogen die Töne eines Klassik-Konzerts heran. Mira schmiegte sich an ihren Schreiner und küsste ihn.

Ruth Lamm sah gedankenvoll in das Licht der Kerze. »Nachdem sie damals von mir wegfuhren, Herr Türk«, begann sie zögernd, als widerstrebe es ihr, wieder davon zu sprechen, was jeden in der Runde in den vergangenen Wochen belastet hatte, »da ist mir der Name des Mädchens auf dem Foto doch wieder eingefallen. Und auch, dass Losswitz und sie irgendwann geheiratet hatten.«

Türk nickte nachdenklich. Hätte es ihm geholfen, wenn er es schon früher gewusst hätte? Vermutlich nicht.

»Er war Irenes erste und große Liebe«, bestätigte Friedemann Lamm. »Ihm allerdings hat sie viel weniger bedeutet. Er konnte eine Weile mit ihrer Jugend und ihrem Aussehen protzen, dann aber hat er sie fallen lassen. So maßlos sie ihn zuvor geliebt hatte, so maßlos muss ihre Verletztheit gewesen sein. Sie hat vermutlich nie an etwas anderes gedacht, als sich an Gerd Losswitz zu rächen.«

»Wie hat sie es neben ihm überhaupt noch ausgehalten?«, fragte sich Patty.

»Es gibt ein Gedicht von Jaques Prévert«, sagte Lamm. Er

zitierte: »›Sie war ein Mädchen hart wie Stahl, liebte niemand, nur den einen‹.«

»Aha«, meinte Patty.

»Du solltest die Welt nicht immer nach ihrem poetischen Gehalt bewerten, Friedemann«, tadelte Demmer gutmütig. »Es war prosaisch und gemein, sich ihres Verehrers zu bedienen, um sich an Losswitz zu rächen. Schön hat sie wirklich geliebt.« Er schüttelte den Kopf. »Eine Lady Macbeth gibt sie schon gleich dreimal nicht her. Als man sie in Montreal aufgriff, muss sie sturzbetrunken gewesen sein.«

»Wie hat man sie überhaupt gefunden?«, wollte Joe wissen. »Weißt du Genaueres darüber, Türk?«

»Erstmal hat sich ihre Spur in der Karibik verloren, wo sie das Geld abgehoben und nach irgendwohin transferieren hat lassen. Montreal war wahrscheinlich bloß eine Zwischenstation. Die Kripo vermutet, dass sie erst einmal in den Staaten untertauchen, sich da eine neue Identität beschaffen und dann wieder nach Europa zurückkehren wollte. Sie soll Schottland sehr gemocht haben.«

»Das kann ich nachvollziehen«, bemerkte Demmer. »Es ist herrlich dort.«

Türk fuhr fort: »Aber so weit ist es nicht mehr gekommen. In einem Hotel in Montreal ist sie schließlich aufgefallen, weil sie zu randalieren angefangen hat.«

»Sie ist also selber schuld, dass sie erwischt worden ist?«, fragte Friedl.

Türk nickte. »Absolut. Hätte sie nicht selber auf sich aufmerksam gemacht, wäre nichts passiert.«

»Ganz schön blöd.«

Lamm hob die Augenbrauen und bedachte Demmer mit einem matten Lächeln.

»Also doch Lady Macbeth, Hape. Wenigstens an diesem Punkt. Das Wissen um das, was sie angerichtet hat, hat sie zerstört. Sie hoffte, glücklich zu werden. Und musste feststellen, dass sich diese Hoffnung nicht erfüllte.«

Eine Weile herrschte Schweigen. Das Grillfeuer knisterte noch immer leise vor sich hin. Im Geäst tschilpte ein einsamer Vogel. Er erhielt keine Antwort.

»Mörder sind dumm«, sagte Mira.

Die Handlung dieses Romans ist frei erfunden. Ähnlichkeiten mit lebenden oder toten Personen wären reiner Zufall. Bei einem – stets nach realsatirischen Stoffen suchenden – Münchner Kabarettisten bin ich jedoch mit dem Versprechen im Wort, ihn sofort zu informieren, sollte sich jemand aus dem Münchner Baugewerbe mit der Begründung beschweren, mit dem rücksichtslosen Immobilien-Hai könne nur er gemeint sein.

Dass auch Mitglieder der Münchner Polizei zur einen oder anderen politischen Überzeugung neigen, ist dagegen natürlich nicht meiner Phantasie entsprungen. Es finden sich dort, wie überall in unserer Gesellschaft, Vertreter jeder Couleur. Details über Gewichtung und Schwerpunkt überlasse ich jedoch intimeren Kennern.

Ebenso wenig ist erfunden, dass es in München noch vereinzelte Hauseigentümer gibt, denen das Diktum von der Sozialpflichtigkeit des Eigentums eher selten über die Lippen kommt, die es dafür aber umso mehr mit selbstverständlicher Anständigkeit leben.

Die Stadt München war im vergangenen Jahrhundert nicht allein ›Stadt der Bewegung‹, sondern auch eine, deren Alltagskultur durch ländliches Umfeld und Arbeiterbewegung geprägt wurde. Mitarbeiter der Münchner Friedhofsverwaltung werden bestätigen können, dass die ›Internationale‹ zwar nicht zu den Top-Hits bei Trauerfeiern gehört, durchaus aber – bei ansonsten durch und durch altmünchnerisch geprägten Beerdigungen – hin und wieder zu hören ist. Bei der Schilderung dieser Szenen geht es mir nicht darum, die Geschichte Münchens nach persönlichem Faible (ich gestehe natürlich, dass mir Querköpfe wie der alte Anetzberger sehr sympathisch sind) umzuwidmen, sondern um Vollständigkeit bei der Abbildung der Vielgestaltigkeit dieser Stadt.

Bei der Darstellung des Alltags in einer Polizeiinspektion habe ich mich sowohl an allgemein zugängliche Informationen und offizielle Auskünfte, aber auch an eigene Beobachtungen bei persönlichen Begegnungen gehalten. Bei widersprüchlichen Beschreibungen habe ich jener Vorstellung den Vorzug gegeben, die mir am plausibelsten erschien. Sollten mir dabei maßgebliche Irrtümer unterlaufen sein, so bin ich für Hinweise seitens fachkundiger Leserinnen und Leser stets dankbar.

Für kritische Mitarbeit bedanke ich mich herzlich bei Johann Martin Bauer, für wichtige Detailinformationen und Anregungen Friedbert Mühldorfer, Dr. Wilhelm Warth und Stefan Betz.

Robert Hültner

DEUTSCHE KRIMIS

ROBERT HÜLTNER

73169 / € 9,00 [D]

Ein toter Artist und ein ehrenwerter Filmproduzent: Was haben die beiden miteinander zu tun? Als der Münchner Kommissar Türk die Zusammenhänge erkennt, ist es fast schon zu spät ...

72145 / € 9,00 [D]

Eine Prostituierte wird ermordet aufgefunden. Inspektor Paul Kajetan, beginnt auf eigene Faust zu ermitteln. Bald wird er in einen gefährlichen Sumpf von Korruption und Waffenschieberei hineingezogen.

ULRICH RITZEL

73010 / € 9,00 [D]

Ein Brief eines Selbstmörders zwingt Kommissar Berndorf sich in äußerst schwierige Ermittlungen zu stürzen. Es wird eine Zeitreise in den heißen RAF-Sommer des Jahres 1972.

72801 / € 10,00 [D]

Kommissar Berndorf und seine Assistentin Tamar Wegenast auf den Spuren eines groß angelegten Komplotts um Gelder, Großaufträge und Gefälligkeiten, in das mehr als nur ein Würdenträger verwickelt ist und das Berndorf fast das Leben kostet.

btb
www.btb-verlag.de